es 1951

edition suhrkamp

Neue Folge Band 951

Alles ist einfach, das erste Theaterstück von Kurt Drawert, wird im Herbst 1995 uraufgeführt.

In Zimmer 288 einer aufgelassenen Krankenstation verbringen zwei ältere Männer, Harry und Pit, seit Jahren die Zeit; in ereignisloser Abgeschiedenheit von der Welt. »Dort, wo du liegst, wird man hereingebracht, und hier, wo ich liege, wird man abgeholt.«

Das Bett am Fenster, mit »Blick in die Welt«, macht den einen der beiden zum Herrn, den andren zum Knecht, abhängig von dem, was ihm von draußen erzählt wird. Beiden Figuren aber ist gemeinsam: die Ungewißheit darüber, tatsächlich vorzukommen. Die Suche nach einem Brief, möglicher Hinweis auf ihre Existenz, durchzieht das Stück. Und zunehmend, gestaltet in grotesken und parabelhaften Szenen, dringt die jüngste Geschichte, am Beispiel der untergegangenen DDR, in den Raum. Ein Spiel voller »schrecklicher Einbildungen«.

Kurt Drawert wurde 1956 in Brandenburg geboren, wuchs in Dresden auf und ist 1993 von Leipzig nach Osterholz-Scharmbeck (bei Bremen) gezogen. Von ihm erschienen u. a. *Privateigentum*. Gedichte, 1989 (es 1584); *Spiegelland. Ein deutscher Monolog*, 1992 (es 1715); *Haus ohne Menschen. Zeitmitschriften*, 1993 (es 1831). Kurt Drawert wurden zahlreiche Preise zugesprochen, darunter der Leonce-und-Lena-Preis 1989 für seine Gedichte, der Ingeborg-Bachmann-Preis 1993 und der erste Uwe-Johnson-Preis des Jahres 1994.

Foto: Ute Döring

Kurt Drawert

Alles ist einfach

Stück
in sieben Szenen

Suhrkamp

für Peter Wirth

edition suhrkamp 1951
Neue Folge Band 951
Erste Auflage 1995

Erstausgabe

Satz: Hümmer GmbH, Waldbüttelbrunn
Druck: Nomos Verlagsgesellschaft, Baden-Baden
Umschlagentwurf: Willy Fleckhaus
Printed in Germany

1 2 3 4 5 6 – 00 99 98 97 96 95

Alles ist einfach

Personen

Harry und Pit (unbestimmtes Alter, nicht aber unter 50 Jahre)
Eine Frau – Ehefrau von Pit (etwas jünger als Pit)
Ein Mann – ein verrückt gewordener ehemaliger Archivar, als König verkleidet (Alter etwa wie Harry und Pit), später auch als Arzt auftretend
2 Soldaten (jünger, vielleicht sogar Jugendliche), später auch als Krankenpfleger auftretend
3 Arbeiter (jünger)
2 Krankenpfleger, s. o.
Arzt, s. o.
Junge

Die Bühne

Eine Krankenstation, die nicht mehr betreut wird und eher einer Abschiebekammer gleicht. Pit liegt in einem Stahlbett neben der Tür, neben sich am Bett hat er einen Holzhocker und einen Nachttisch stehen. Harry liegt in einem Stahlbett unter dem Fenster. Um hinaussehen zu können, muß sich Harry etwas aufrichten und eine Eisentür zur Seite aufschieben. Es ist, als schaute er aus einem Verschlag heraus oder aus einem Abfallcontainer. Da die Eisentür klemmt, kann sie Harry jeweils nur mit Mühe und nur soweit öffnen, daß ein kleiner Lichtspalt frei wird. Ebenso wie Pit, hat Harry einen Holzhocker und einen Nachttisch neben sich stehen. Im weiteren steht ein Regal im Raum, das voller Bücher, Akten, Zeitschriften und Gerümpel ist. In der Mitte befindet sich ein zerstoßener Holztisch mit 2 Stühlen, über dem eine Glühlampe hängt. Verstreut stehen ausrangierte medizinische Gerätschaften, Reinigungsgeräte und Abfallkörbe mit schmutziger Wäsche im Raum. Alles ist in Unordnung geraten und schmutzig, auf dem Fußboden liegt zerknülltes Papier usw. Allerdings muß der Raum die Umrisse einer einstigen Ordnung noch erkennen lassen – immerhin war er einmal intakt. Harry und Pit tragen graue, schmutzig gewordene Leinenanzüge, die an Schlafanzüge ebenso denken lassen wie an Arbeitskleidung.

1. Szene

Abend, die Bühne ist fast dunkel. Harry und Pit, die nur schattenhaft zu sehen sind, sitzen in ihren Betten. Pit zieht sich die Pinkelente unter die Bettdecke, dreht sich zur Seite und beginnt zu urinieren.

HARRY Immer, wenn ich denken muß, willst du pissen. (*Pit unterbricht sich und stellt die Ente unbenutzt zurück. Vorhang*)

2. Szene

Morgen, die Bühne ist mäßig beleuchtet. Harry und Pit in ihren Betten wie eben. Das Fenster ist um einen Spalt weit auf und läßt einen Lichtschein herein.

PIT (*flüsternd*) Harry? ... (*Lauter*) Harry!?
HARRY Pit?
PIT Schläfst du noch, Harry?
HARRY Ja.
PIT Schade, Harry.
HARRY Ja.
PIT Harry?
HARRY Ja.
PIT Hast du wieder nichts geträumt?
HARRY Nein.
PIT Schade, Harry.
HARRY Ja.
PIT Ich hab auch nichts geträumt, Harry.
HARRY Nein.
PIT Nichts. Kein Fetzen von einem Bild.
HARRY Nein.
PIT Kein Wort, keine Stimme.
HARRY Nein.
PIT Schade, Harry.

HARRY Ja.

PIT Wieder nichts geträumt.

HARRY Nein.

PIT Wieder und wieder nichts. Wie tot gewesen. Wie steif und tot gewesen. Wie steif und kalt und tot gewesen.

HARRY Ja.

(*Pit zwickt sich in den Arm, wartet, ob ein Schmerz einsetzt, und wiederholt es*)

PIT Nichts.

HARRY Nein.

PIT Schade.

HARRY Ja. (*Nach einer Pause*)

PIT Harry?

HARRY Ja?

PIT Weißt du, was ich finde?

HARRY Nein.

PIT Ich finde, du hast dich sehr verändert in letzter Zeit.

HARRY So?

PIT Du bist still geworden, wortkarg. Früher hast du erzählt und erzählt. Die ganze Welt hast du mir erzählt. Alles ..., alles, was los war da draußen.

HARRY Es ist nichts los.

PIT Aber früher war einmal viel los, erinnere dich.

(*Harry richtet sich etwas auf und sieht durch den Fensterspalt*)

HARRY Willst du wissen, was ich sehe?

PIT (*Abwehrend*) Nein, jetzt nicht. Du bist nicht bei der Sache. Du quälst dich. Da kommt nichts Gutes, nichts Schönes heraus, nichts, was meiner müden Seele aufhelfen könnte.

HARRY Die Dinge sind, wie sie sind.

PIT Steht das Haus gegenüber noch?

HARRY Eine Ewigkeit vor uns und eine Ewigkeit nach uns. Unverrückbar. Unabänderlich.

PIT Grau?

HARRY Roter Ziegelstein. Du mußt dir einmal merken, was ich sage. Roter Ziegelstein. Immer wieder und jeden Tag: roter Ziegelstein. Das ändert sich nicht. Du kannst nicht immer wieder nach Verhältnissen fragen, die sich nicht ändern. Das ist ermüdend und eine Verschwendung der Kräfte.

PIT Weißt du, was hinter dem roten Ziegelstein ist?

HARRY Roter Ziegelstein.

PIT Und dahinter?

HARRY Roter Ziegelstein. Hier ist alles roter Ziegelstein. Wir sind versunken in einem Meer aus rotem Ziegelstein. Links und rechts und oben und unten, alles mürber, mattroter Ziegelstein. Und darüber der Himmel, gleichmäßig bedeckt, alabasterfarben, wenige Striche Elfenbeingelb. Und das Eine ändert sich nie, und das

Andere ändert sich stündlich, augenblicklich. Eben noch sah der Himmel so aus, und gleich darauf sieht der Himmel ganz anders aus. Von Wolken bedeckt, die auseinanderreißen und sich formen und schöne Gebilde ergeben.

PIT (*wiederholt Harry, verträumt*) ... Und schöne Gebilde ergeben ...

HARRY (*an Pit gewandt*) Quatsch mir nicht wieder alles nach und träume keine Löcher in die Luft. Zähl lieber die Risse im Putz, das bringt dich auf normale Gedanken.

PIT (*weiter verträumt an die Decke starrend*) ... Schöne Gebilde ..., Rundungen ..., weiche, sich auflösende und wieder formende und wieder auflösende Figuren ..., Vexierbilder ..., Flächen, Striche und eine klaffende Öffnung, durch die das Rot des Morgenhimmels scheint ...

HARRY Klar, an Mösen denkst du ...

PIT (*mehr zu sich selbst sprechend*) Ich möchte es sehen ... Alles, alles möchte ich sehen ...

HARRY Dann mußt du warten, bis ich hier abgeholt werde. Ich mußte auch warten, bis einer hier abgeholt wurde, ehe ich auf diesen Platz aufrücken konnte. Dort, wo du liegst, wird man hereingebracht, und hier, wo ich liege, wird man abgeholt. So ist das. Wir müssen alle warten, bis wir an der Reihe sind. Schön nacheinander. Von unten nach oben und weg. Eine Ordnung, die sich nicht straflos durcheinander bringen läßt. Erst das Laufen erlernen, dann in die Welt gehn. Viele, viele gehen vorher in die Welt. Und sie sehen nichts und sie hören nichts von ihr. Kein Sehen, kein Hören, gar nichts. Nur ein permanentes Stolpern und Stürzen, bis zum Ende und bis zum endgültigen Ende hin. Ihre Zeit ist ein einziger Sturz. (*Nach einer Pause*) Du aber (*betont*) *hörst* von der Welt. Du kannst sie nicht sehen, aber du kannst über mich von ihr hören. Das ist schon recht viel, finde ich. Das ist schon mehr, als es den meisten vergönnt ist. Ein Vorteil, wenn du so willst, ein Privileg. (*Nach einer Pause*) Du bist privilegiert, Pit. Du gehörst zu einer bevorzugten Schicht. Vielleicht..., vielleicht könnte man sogar schon sagen, daß du zur herrschenden Klasse gehörst...

PIT ...Und du zur Oberklasse, was?

HARRY Kein Revolutiönchen, bitte! Du bist eine viel zu schwache Nudel dafür. Sei froh, daß du an meiner Hand gehen darfst. Du brauchst noch viel Wirklichkeitstraining. Ahnst du denn nicht, um wieviel schöner das Babyalter ist? ...Fast so schön, wie ungeboren zu bleiben. (*Nach einer Pause*) Bete lieber zu Gott, daß ich nicht vorzeitig hier weggeholt werde und dich noch etwas erwachsener kriegen kann, Schritt für Schritt und Beschreibung für Beschreibung. (*Nach einer Pause*) Ich gebe dir ja mein Wissen. Nach und nach und wie du es verkraften kannst. (*Nach einer Pause*) Aber noch muß einer auswählen für dich, vorsortieren, Deutungen liefern, abziehen hier, hinzugeben dort. Dir vorgekaute Nahrung liefern, häppchenweise geben, was der Fall ist. Und was, um alles in der Welt, willst du denn nun eigentlich noch mehr?!

PIT Du könntest wenigstens vorübergehend zur Tür ziehen. Einen Tag nur. Einen Tag nur diese weißen, toten Wände sehen und betteln müssen, daß einer etwas erzählt. Von der Geschichte des Himmels und der Bäume. Vom Wind in den Ästen. Vom Fallen der Blätter im Herbst und vom Treiben der Blüten im Frühjahr. Vom Auf und Ab des Lichtes, vom Wechsel des Regens in Schnee...

HARRY ... Und vom Sturzflug der Schwalben...

PIT ... Und wie sich die Hoftore öffnen und schließen zum Haus gegenüber. Und wie man hineingeht, und wie man herauskommt, diese Abläufe, Vorgänge, Ereignisse, wirklich aufregend. (*Nach einer Pause*) Und wesentlich.

HARRY Im Haus gegenüber gibt es kein Herauskommen. Es gibt nur ein Hineinkommen. Ein

Hineinkommen und Verschwinden. Wir werden dort alle einmal hineinkommen und dann verschwinden. Danach wird wieder ein Bettenplatz frei sein und ein kleiner, interner Umzug beginnt. Vom Bett an der Tür zum Bett am Fenster, und vom Bett vor der Tür zum Bett hinter der Tür und so weiter, immer voran. So kann es jeweils nur besser werden. Der Fortschritt ist unaufhaltsam, das Leben eine soziale Maschine, in gerechte Akte gegliedert, von oben nach unten, bis einer abdankt, mit oder ohne allerletzten Abgang. Und am Ende wird jeder die Welt gesehen haben oder ein Stück von der Welt gesehen haben oder zumindest etwas gehört von ihr haben oder auch nichts gehört von ihr haben, nichts gesehen und nichts gehört von ihr haben, nichts gewußt von ihr haben oder etwas oder alles gewußt von ihr haben, und dann hinein, nicht wieder heraus, nur hinein, so oder so, hinein und adieu.

PIT Ich würde, würde ich am Fenster liegen, dir angeboten haben, wenigstens für einen Tag nur, die Plätze zu wechseln. Ich würde sagen: Harry, würde ich sagen, Harry, komm her und sieh dir (*betont, dabei den rechten Arm in einem weiten Bogen kreisend*) *das* einmal an ..., diese (*betont*) *Herrlichkeit*. Sieh sie dir an und merke dir alles und frage nie wieder, würde ich sagen.

Das, was du jetzt siehst, würde ich sagen, ist dem Wesen nach alles. Der Rest, würde ich sagen, ist im wesentlichen eine Wiederholung dessen, was du dem Wesen nach jetzt siehst. Und nun, würde ich sagen, kannst du wieder an die Tür zurückgehen und ganz in Ruhe schlafen. Kein Geheimnis braucht dich mehr zu quälen, keine Erwartung, keine Sehnsucht. Von diesem Moment an, würde ich sagen, sind alles nur noch Variationen. Aber du!, du benimmst dich ganz wie ein Herrscher!, wie ein Auserwählter!!

HARRY (*aufrecht im Bett sitzend, mit erhabener Geste*) Gnädig ist, wer seinen Knechten die Fesseln des Unwissens schenkt. Eine wahre Großmut, eine Gnade, die nach unten verteilt wird.

PIT Und ich…, ich würde wach liegen des Nachts, so groß wären Scham und Schuldgefühl darüber, derart erwählt zu sein. In meinen Schläfen würde ich das blaue Blut pochen hören, und leidend daran würde ich ohne zu zögern sagen: Nimm, nimm diesen Platz ein, Harry! Ich fühle mich zu schlecht, zu elend, jeden Tag mit diesen Vorteilen, die die Perspektive mir bietet, zu erwachen, als daß ich es noch länger ertragen könnte. Das Leben, würde ich sagen, ist zu gewalttätig, zu ungerecht in seiner Verteilung der Plätze, als daß es jeden einzelnen von uns nicht herausfordern würde (*pathetisch, mit einem Schlag gegen die Brust*) dort, wo wir (*betont*) *Mensch* sind. (*Nach einer Pause*) Ohne Worte zu sterben ist schwer.

HARRY Ein schöner…, ein sanfter…, ein (*betont*) *natürlicher* Tod. (*Nach einer Pause, melancholisch*) Das Privileg, von dem wir sprechen, ist in Wahrheit eine Bürde. Es ist kein Geschenk, am Fenster zu liegen, sondern ein Amt. Alles sehen müssen, alles wissen müssen, alles prüfen, ob man es weitergibt oder verschweigt. Mit dem Verschwiegenen allein bleiben müssen, mit dem Grauen, das im Sichtbaren lauert. (*An Pit gewandt, laut und bestimmt*) Und ich beschütze dich. Ich beschütze dich vor der Welt mit all ihrem Unheil. Ich nehme die Perspektive auf mich und befreie dich. Ich behüte dich vor der Wahrheit der Bilder und überlasse es dir, sie sich zu (*betont*) *denken*. (*Pause*) Ich kann nichts mehr denken. Ich kann mir keinen Himmel mehr denken und keine Wolken und kein Haus gegenüber und kein Öffnen und Schließen von Toren. (*Pause*) Der Fensterplatz ist eine Strafe, Pit. Ich wollte es dir nicht sagen, um dich nicht zu ängstigen, aber es ist die ganze Wahrheit. Am Ende, Pit, wird jeder bestraft, so ist das. Wir rücken nicht zum Licht auf, wie es heißt, sondern wir stürzen ins Licht hinab.

Meine Perspektive beinhaltet nicht Aufstieg sondern Sturz. Sie ist eine letzte Prüfung, eine letzte Entweihung des Lebens als ein Geheimnis. Dieser Fensterplatz ist gnadenlos, am Ende der Geschichte, am Ende der Transzendenz. Du siehst hinaus und weißt, daß das alles ist. Dieses Stück zerrissener Himmel und der kurze Weg über den Hof ins Haus gegenüber. Das ist die Welt, Pit. Das ist das Leben in ihr. Und die Blicke sind die Boten des Todes.

PIT Das ist nicht viel, Harry.

HARRY (*Vom schweren, pathetischen Ton in einen leichten, heiteren wechselnd*) Die Meinungen teilen sich. Die Ansichten wechseln. Die Befindlichkeit entscheidet. Es ist eine Sache des Geistes, der Philosophie, viel oder wenig darin zu sehen. Es ist alles Schicksal. Auch der Standort, den einer zur Welt hat. Auch das blaue Blut in den Adern. Wir müssen leben. Wir müssen klarkommen. Wir müssen uns arrangieren. Ich am Fenster, und du an der Tür. Ich mit dem, was ich sehe, und du mit dem, was du hörst von dem, was ich sehe. Ich steuere das Boot, und du ruderst. Wir müssen uns arrangieren. Ich sage, wo es langgeht, ich übernehme das Amt, ich verantworte alles, ich befreie dich, ich füttere dich, ich pflege dich, ich bezahle dich, ich streichele dich, wenn du gut bist, und ich schlage dich, wenn du schlecht bist. Ich bin wichtig, und du bist notwendig. Ich bin die Oberklasse, und du bist ein freier Mensch.

PIT (*setzt sich aufrecht ins Bett und beginnt, Ruderschläge zu simulieren*)

HARRY (*diktiert den Takt*) Und vor . . ., und zurück . . ., und vor . . ., und zurück . . ., und vor . . ., und zurück. Wir müssen zusammenhalten in dieser schweren Zeit. Wir müssen uns arrangieren. Wir müssen durchkommen . . . Und vor . . ., und zurück . . .

PIT (*ruft zwischen den Bewegungen*) Du bist gut, Harry! Ein guter Mensch. Ein richtiger Führer.

HARRY . . . Und vor . . ., und zurück . . ., und vor . . ., und zurück . . .

PIT (*weiter rudernd*) . . . Und du hast das Amt, . . . und du verantwortest alles, . . . und du fütterst mich . . ., und du pflegst mich . . .,

HARRY . . . Und vor . . ., und zurück . . ., und vor. . .

PIT . . . Und du bezahlst mich . . ., und du streichelst mich, wenn ich gut bin . . ., und du schlägst mich, wenn ich schlecht bin . . ., und du hast mich befreit . . .

HARRY . . . Und zurück . . ., schneller, schneller, . . . eins . . . und zwei . . . und eins . . . und zwei . . .

PIT (*sinkt erschöpft ins Bett zurück*) Ich könnte weinen vor Glück.

HARRY (*gönnerhaft*) Ja, du hast es gut.

PIT Und du hast es schwer.

HARRY Denk nicht daran. Es ist mein Los.

PIT Armer Harry. Armer, armer Herr.

HARRY Aber so kann Frieden sein auf der Welt, indem einer sich opfert. Das ist die Ordnung. Die, die gehorchen wollen, müssen schließlich wissen, wem sie gehorchen sollen. Das ist die Ordnung. Und einer muß sich opfern. Einer muß im Amt sein und die Karten lesen, sonst kommt das Chaos über uns alle, die Apokalypse.

PIT Ein weiser Herr. Ein guter Herr. Will er mir neue Anweisungen geben?

HARRY Ruhe er sich aus. Erhole er sich. Die Jolle treibt auch gut allein.

PIT Brauchen der Herr mich denn in Wirklichkeit nicht? Bin ich denn etwa ein entbehrlicher, überflüssiger Mensch?

HARRY Nein, so kann man das nicht sagen, entbehrlich, klingt nach Insekt, also so kann man das nicht sagen, überflüssig, austauschbar, rotierend gewissermaßen auf der Umlaufbahn des Banalen um ein Zentrum, das eine Apparatur ist, nein, das kann man nicht sagen, getrieben von simulierten Zwecken, getrieben und getäuscht, lemurenhaft, ausgelöscht, reiner medialer Stoff, also nein, Pit, so kann man das nicht sagen, zukunftslos, vergangenheitslos, erinnerungslos, begriffslos, ungewollt, ungeliebt, ungebraucht, nein, nein, nein, so kann man das nicht sagen...

PIT (*sentimental*) Du übst einen schlechten Einfluß auf mich aus. Du bist schädlich für mich, schädlich und ungesund. Durch dich spüre ich diese Niedergeschlagenheit wieder, die bis in die Glieder dringt, die Müdigkeit, die Schwermut. Ich werde noch gemütskrank durch dich. (*Nach einer langen Pause des Überlegens*) Das Leben kann nämlich auch (*betont, pathetisch*) *sehr, sehr schön sein* ... (*Nach einer Pause*) Mein Herz tut mir weh.

HARRY Vielleicht bricht es. (*Nach einer Pause*) Harte Herzen brechen zuerst.

PIT Eine Müdigkeit plötzlich, eine Schwermut.

HARRY Da hilft nur eines: rudern. Rudern, rudern und nochmals rudern.

PIT Du meinst: lernen, lernen und nochmals lernen. Du verwechselst die Zitate.

HARRY Die Zeiten ändern sich. Lernen war gestern, rudern ist heute. Rudern und keine dummen Fragen stellen, sonst bist du gleich raus. Merke er es sich, Sklave.

PIT (*simuliert ein paar Ruderschläge, hört alsbald*

auf und läßt resigniert die Arme sinken.) Scheißspiel. Keine Lust mehr. (*Er schlägt die Bettdecke zurück, setzt sich auf den Bettrand und sucht mit den Füßen seine Pantoffeln.*) Ich werde ein wenig wandern. (*Er steht auf und schlurft ziellos durch den Raum.*)

HARRY (*er schält sich einen Apfel, zerschneidet ihn in kleine Stücke und beginnt, ihn zu essen. Er ißt langsam und ausgiebig, so als müßte es für den ganzen Tag reichen. In der Ferne sind Kirchenglocken zu hören. Harry unterbricht das Kauen, hält die Hand mit dem Obstmesser beschwörend in der Luft.*) Hörst du?

PIT Was?

HARRY Die Glocken.

PIT (*bleibt stehen, hört*)

HARRY Hörst du diesen Klang? Bim-bam-bim-bam... Eben noch Stille, und auf einmal dieser Ton: bim-bam-bim-bam. (*Nach einer Pause*) Ein Sterbensfall.

PIT Oder eine Taufe.

HARRY Oder ein Sterbensfall. Eher ein Sterbensfall als eine Taufe. Bim-bam-bim-bam. Wie schwer es ist, diesen Klang zu ertragen. Man hat ein Leben lang damit zu tun. (*Pause*) Hörst du? Und dann wieder Stille.

PIT (*bleibt abermals stehen und hört auf die Stille*)

HARRY Stille, als wäre nichts gewesen. So sind Kommen... und Gehen. (*Vorhang*)

3. Szene

Etwas dunkleres Licht als eben. Harry liegt im Bett und schält sich betont langsam einen Apfel, den er in kleine Stücke zerschneidet und so ißt, als wäre er die einzige Ration des Tages. Pit schlurft gedankenverloren durch den Raum. Längeres Schweigen. Plötzlich hält Pit ruckartig inne und dreht sich zu Harry.

PIT Wo ist der Brief!

HARRY Ich weiß nicht.

PIT Gestern noch lag er auf meinem Nachttisch.

HARRY Und vorgestern lag er auf meinem Nachttisch. Was besagt das schon.

PIT Du hast ihn an dich genommen, du hast ihn versteckt. Du willst ihn für dich allein haben, gib es zu! Du wartest nur, daß ich schlafe, um ihn zu öffnen und zu lesen. Du willst wieder im Wissensvorsprung sein, um mich dann zu erpressen. Du willst mich winseln sehen, du willst, daß ich bettelnd dir vor die Füße falle, um eine Information zu erhalten. Mit dem Hinweis auf den Brief willst du mir falsche Anweisungen geben, gib es zu, du Schwein! (*Er stürzt auf Harry zu und beginnt, ihn durchzuschütteln*)

HARRY Sklave, besinne er sich!

PIT (*läßt von Harry ab, gefaßter*) Ein Scheißspiel. Eine Scheißordnung. Ein Scheißschicksal.

HARRY Außerdem gehört dir der Brief nicht.

PIT Dir aber auch nicht.

HARRY Habe ich auch nicht gesagt.

PIT Dann gib ihn her. Laß ihn uns gemeinsam lesen.

HARRY Aber es könnte immerhin auch sein, daß er doch nur an mich gerichtet ist. Dann lesen wir ihn zusammen, und du erfährst, was dich nichts angeht ...

PIT (*imitiert*) Aber es könnte immerhin auch sein, daß er doch nur an mich gerichtet ist. Und dann lesen wir ihn zusammen, und du erfährst, was dich nichts angeht ...

HARRY Aber die Wahrscheinlichkeit, daß er an mich gerichtet ist, ist ungleich größer als die, daß er an dich gerichtet ist. (*Nach einer Pause*) Genaugenommen gibt es überhaupt keine Wahrscheinlichkeit dafür, daß er an dich gerichtet ist. Was also willst du?

PIT Wie kannst du nur so etwas sagen? Bin ich denn (*zwickt sich in den linken Arm dabei*) ... etwa nicht (*betont*) *da*?!

HARRY (*von oben herab, arrogant*) Schau dich doch an ...! Wer bist Du ...?! Wer sollte dir schon schreiben ...?! Wer kennt dich?! Du bekommst doch höchstens noch Werbeprospekte ins Haus. (*Versöhnlich weiter*) Ich will dich nicht kränken, Pit, aber sei doch einmal hell im Kopf. Du und einen Brief bekommen – wie absurd. Da könnten wir ihn ja gleich auf einen Grabstein legen und warten, daß eine Hand durch den Marmor stößt und ihn hinabzieht.

PIT (*sitzt auf seinem Bett und beginnt, leise zu weinen. Ein Scheinwerfer auf Harry, Pit im Dunkeln*)

HARRY Also ehrlich, Pit... Du mußt den Tatsachen besser ins Gesicht sehen... Du mußt realistischer werden. Du hast zuviele Träume im Kopf, zuviele Illusionen. Das kommt von den Büchern, sag ich dir (*zeigt auf das Regal an der Wand*), von den vielen unnützen Ideen. (*Nach einer Pause*) Es findet heute alles seinen Drucker, was irgendwem irgendwie im Kopf herumgeht. Kein Respekt, keine Rücksicht, kein Erbarmen. Jeder Gedankenabfall wird gespeichert und gleich bei einer Gesellschaft für Wortverwertung gemeldet. (*Zeigt abermals auf das Regal*) Alles nur Absonderungen, Textausstoß, der reine Sprachüberschuß. Einfach grauenhaft. Wo soll das hinführen, wenn alles, was eine halbwegs grammatische Ordnung findet, zur Lektüre wird. Wo soll das enden. Dieses Gewispere den ganzen Tag, diese lautlosen

Stimmen, die substanzlosen Angebote. (*Nach einer Pause*) Sie haben ja alle recht in ihrer Antwortlosigkeit, in ihrer Begriffsstutzigkeit, in ihrem verbalen Gestöhne. Wie die Hunde recht haben und die Katzen, wenn sie ihren Abgang am Laternenmast machen. (*Nach einer Pause*) Und was das kostet, wenn jeder, der glaubt, daß er denkt, zur Niederschrift bringt, was er glaubt, gedacht zu haben. (*Nach einer Pause*) Aber sie denken nicht. Sie simulieren nur das Denken und sie simulieren nur, einen Gedanken zu haben. Wenn sie denken würden, dann würden sie nicht gleich alles aufschreiben. Dann würden sie warten, ob es ein Resultat gibt und einen Sinn. Dann würden sie einen Gedanken (*betont*) *beobachten* und sehen, daß er sich in neunundneunzig von einhundert Fällen am Ende selber erledigt, auslöscht gewissermaßen. Aber sie simulieren auch noch die (*betont*) *Gültigkeit* des Gedankens – wirklich grauenhaft. (*Nach einer Pause*) Und dann liegt das alles vor einem und verwandelt sich in Dreck. Gedankendreck sozusagen, der entsorgt werden will wie Müll. Wortmüll, der die Köpfe verstopft, sie zuscheißt, bis einer blind wird. Oh, man könnte jeden Tag Strafanzeige wegen geistiger Nötigung stellen, wegen Sinnestötung!

(*Pit liegt leise weinend im Bett, das Kopfkissen*

vor das Gesicht gehalten. Harry geht auf ihn zu, setzt sich auf die Bettkante, streichelt seinen Kopf)

HARRY (*weiter*) Ja, sie haben dir den Kopf verdreht, mein Lieber. Mit ihren kranken Büchern, mit ihren perversen Ideen. Sie haben dich ganz durcheinandergebracht, diese Halunken. Schau nur einer, wie durcheinander du bist..., vollkommen desorientiert und verhetzt. Und in diesem Zustand lassen sie dich dann allein, mein Lieber. Erst stacheln sie dich an, wühlen dich auf, treiben dich in Konflikte, und dann, wenn es ordentlich schiefgegangen ist mit dem Aufruhr, lassen sie dich schnöde und jämmerlich im Stich. Alles Verbrecher, sage ich dir, alles Berufslügner, notorische Querulanten, Nörgler von Geburt an. Treiben die Leute nur so hinein in die Widersprüche wie ein Kalb ins Messer des Schlächters.

PIT (*etwas ruhiger, gefaßter*) Du bist gut, Harry...

HARRY (*wendet sich von Pit wieder ab, geht ans Regal, zieht beliebig ein paar Bücher heraus und wirft sie auf die Erde*) Nichts..., nichts..., nein..., nichts, nichts und weniger als nichts...! Natürlich ist das alles nichts, nichts als Simulationssprache, eine Verwirrmaschine, ein Gedankenmysterium, ein seelischer Giftschrank, bestenfalls Germanistenfutter. Diese ganze Schreiberei: nichts als Germanistenfutter. Gerade noch tauglich, einen Betrieb in Bewegung zu halten. Alles belanglos, inflationär. Eine Umweltkatastrophe, wenn man an die Ressourcen denkt. Dieses permanente Denkenmüssen und Aufschreiben- und Veröffentlichenmüssen . . ., es wird noch ganze Erdteile um ihren Waldbestand bringen und dem Boden gleichmachen. Erst ruiniert die Industrie die Landschaften, und dann kommen die Denker, die darüber nachdenken, wie eine Industrie eine Landschaft nicht ruinieren könnte, und geben den Landschaften, die abgeholzt werden müssen, damit sie ihre Gedanken zu Papier bringen können, den Rest. (*Nach einer Pause*) Auslöschen, die Welt wird sich auslöschen und in reine Sprache verwandeln. Und am Ende sitzen wir alle nur noch inmitten von Papier, fressen es und scheiden es aus. (*Lacht*) Aufstehen, Papier fressen, ausscheiden und schlafen . . ., aufstehen, Papier fressen, ausscheiden und schlafen. (*Anhaltendes Lachen*) Stell dir das einmal vor, Pit. Ist das nun tragisch oder komisch? (*Prophetisch*) Und die Haut wird durchsichtig sein wie Pergament, und das gelbe Blut wird man sehen, wie es im grünen, verschrumpelten Herzen brodelt. (*Nach einer Pause, zu Pit*) Und du jammerst wegen eines Briefes! Wegen eines lächerlichen, dummen, kleinen, abgegriffenen Briefes, von dem wir nicht einmal wissen, ob und was er mit uns zu tun haben soll...

PIT Aber es hätte, könnte...

HARRY Vergiß ihn...

PIT ...doch immerhin...

HARRY Schlag ihn dir aus dem Kopf...

PIT Eine Nachricht, ein Hinweis, etwas Wichtiges...

HARRY Es gibt keine wichtigen Nachrichten mehr. Es gibt nur noch Informationen, verstehst du. Der Unterschied besteht darin, daß eine Information auf keine praktischen Folgen verweist und nichts ist als ein kybernetisches Element. In diesem Netzwerk von Informationen, in das wir gefangen sind wie die Fliegen in einer Spinnwebe, gibt es keine moralischen Hinweise mehr und damit auch keine Möglichkeiten des Verhaltens. Es ist geschaffen, uns in unserer Abwesenheit vor der Welt zu legitimieren. Eine große Betäubungsmaschine, ein gigantisches Archiv, in dem alles Wissen gespeichert, nicht aber nutzbar ist. Stell dir ein sinkendes Schiff vor, auf dem der Kapitän die Mannschaft bis ins letzte Detail darüber unterrichtet, wodurch, in welcher Zeit und wie sie ertrinken wird. Kein Vorgang, der nicht seine

Berechnungen hätte ..., worauf nun der Kapitän äußerst stolz ist und es als Errungenschaft feiert. Allein das Loch im Rumpf, durch das Wasser ins Schiffsinnere dringt, ist nicht zu schließen. Das ist die Lage. (*Nach einer Pause*) Und im übrigen bin ich zu müde, dir das Gymnasium zu ersetzen. Was hast du eigentlich gelernt ..., wo kommst du her? Du überforderst mich, hängst mir am Hals, saugst mir das Blut aus den Adern. Schlimm genug, daß ich deine Informationsquelle bin, dein Bindeglied zur Welt. Aber ich möchte dich nicht erziehen oder sonstwie in meiner Abhängigkeit wissen. Ich möchte kein Amt haben.

PIT (*als hätte er gar nicht zugehört, dabei in stärkerem Licht als bis eben*) Aber er lag auf meinem Nachttisch. (*Zeigt beschwörend*) Hier, hier hat er gelegen! Ich sehe ihn richtig vor mir. Etwas abgegriffen sah er aus, etwas vergilbt an den Ekken. Und als Adresse stand sehr deutlich: Für Zimmer 288. Zweihundertachtundachtzig, ich weiß es genau. (*Steht flink auf, läuft zur Tür, öffnet sie und schaut auf deren äußere Seite*) Zweihundertachtundachtzig, was sag ich, das sind wir, Harry. Zweihundertachtundachtzig sind wir, und auf dem Brief stand es auch. Zweihundertachtundachtzig. (*Überlegt*) Und ehe er auf meinem Nachttisch lag, hat er auf deinem

Nachttisch gelegen. (*Überlegt weiter*) Und ehe er auf deinem Nachttisch lag..., lag er unter dem Schrank. Wahrscheinlich lag er schon lange unter dem Schrank, so alt, wie er aussah. (*Mit Nachdruck*) Und hätte ich nicht mit der Gardinenstange nach meinem Löffel gesucht, würde er noch heute dort liegen!

HARRY Und wir hätten Ruhe...

PIT Aber wir wissen, daß es ihn gibt, Harry. Wir sind jetzt andere Menschen. Alles ist anders seitdem, Harry. Die Welt hat sich grundlegend geändert, weil wir eine Rolle in ihr spielen. (*Zwickt sich unwillkürlich in den linken Arm*)

HARRY Die Welt ändert sich nicht.

PIT Aber unsere Lage in ihr ist jetzt eine andere... (*Setzt sich auf einen Stuhl, träumt*) Ein Lottogewinn, Harry, zweieinhalb Mille. Hawaii, Honolulu, zwei Südseepüppchen am Arm..., eines links, eines rechts..., das Rauschen des Meeres, hörst du es, Harry? Das Meer, es ruft nach uns..., kommt, kommt..., ruft es, und ruhet euch aus von der bitteren Prüfung der Götter... Riechst du den Seewind, Harry?, die salzige Luft?

HARRY Deinen Schweiß rieche ich, deine Fürze, die unter der Bettdecke lauern und angriffslustig herüberwehn!

PIT ...Und ein Palmenwedel wird sanft über unseren Köpfen schwenken und wohlige Kühle spenden, und ein leiser, lieblicher Gesang ... (*Sein Kopf sinkt leicht auf die Brust, als würde er jeden Augenblick einschlafen*)

HARRY (*Pit wieder im Dunkeln, Harry im Scheinwerferlicht*) Die Bücher sind schuld, die kranken Ideen. Ich sag's ja. Dieses Jahrhundert der Utopien hat die Menschen vernichtet, meschugge gemacht, sie völlig untauglich werden lassen für das, was tatsächlich der Fall ist. (*Zu Pit, der eingeschlafen ist*) Schau nur, wie lebensuntauglich und verblödet du bist! Ich sehe, was los ist, hier, am Fenster! (*Nach einer Pause*) Nichts, nichts ist los. Die reinste Ereignislosigkeit. Ich gebe noch immer eins drauf, wenn ich dir von meinen Erlebnissen berichte. Die Hälfte erfinde ich, verstehst du, weil ich es gut mit dir meine. (*Gönnerisch*) Und ich behüte dich, indem ich dir den schönen Platz an der Tür lasse ... Ich erspare es dir, nichts zu sehen, und ich schenke dir die Phantasie ... Du würdest diese Tünche da draußen gar nicht ertragen. Du erträgst nicht einmal die vier Wände, wo dir doch noch immer die Welt in der Vorstellung bleibt. Aber ich!, ich muß auf die Grabstätten sehen!

PIT (*Pit hebt den Kopf, sichtlich benommen, murmelt im Halbschlaf*) ... und ein leiser, lieblicher

Gesang setzt ein, irgendwo in der Ferne, oder in der Luft, ein Gesang, wie du ihn noch niemals gehört hast und niemals wieder hören wirst und auch niemals vergißt. Und dann spürst du, ganz leicht, ganz behutsam, wie du zu schweben beginnst..., du schwebst wie auf einer Wolke den Strand entlang, getragen von weichen, zärtlichen Händen oder von Stimmen, die wie Musik sind, du weißt es nicht und hast alles vergessen..., nur dieses Schweben und leichte In-der-Luft-Sein...

HARRY Das Denken ist eine Krankheit geworden, weil die Welt eine Krankheit ist. Oder die Welt ist eine Krankheit geworden, weil das Denken eine Krankheit ist. Die, die denken, sind in eine Krankheit geraten, und die, die nicht denken, auch. Die, die denken, simulieren, daß sie denken, und schreiben es auf und ruinieren uns damit. Und die, die nicht denken, ruinieren uns mit ihrer Gedankenlosigkeit. Wie man es auch wendet, wir sind verloren. An den Gedankenlosen hier, an den Denkenden dort. Die einen fahren den ganzen Tag scheinbeschäftigt irgendwelche Landstraßen ab und spielen mit dem Autotelefon ihre Unentbehrlichkeit durch..., ständig, ständig summt bei ihnen ein Wecker im Hosenschritt..., und die anderen lassen sich in Kulturhospitäler am Rande der

Städte verfrachten, um im kollektivsuizidalen Auftrag zu denken und das Gedachte aufzuschreiben. Natürlich weiß jeder, daß nichts dabei herauskommt außer verbalem Müll, aber darum geht es ja auch nicht. Es geht um die leerlaufenden Betriebe des Denkens. Diese in Tausendschaften nachwachsenden Jungdenker und Halbpoeten schaffen Arbeitsplätze, sie sind ein Wirtschaftsfaktor. Allein wen einer dieser Schreiber so alles durchfüttert..., da kommen ganze Kleinstädte zusammen voller Leute, deren Existenz darauf gründet, daß es diese Denk- und Schreibexistenzen gibt. Aber es geht ja nicht nur um Schreiber und um die Gräßlichkeit des Denkens. Eine ganze Kultur ist an ihrem Ende und nur noch eine einzige Imitation und (*betont*) *Verwaltung* von Imitationen mit dem schließlichen Zweck der Erkenntnisvernichtung. Alles Ablenkungsmanöver mit Zerstreuungs- und Verblödungseffekten. Wir sinken lediglich in ein Meer von Überzüchtungsprodukten, wenn wir in eine Ausstellung gehen. Kein Hinweis darauf, daß wir noch irgendwo sind. Schickes Barbarentum, wo man auch hinsieht, eine Hypostasierung der Leere. (*Nach einer Pause*) Und dir verdrehen Sie den Kopf, Pit. Solche wie dich, solche Informationsschwämme, die für alles Erklärungen brauchen, solche feinen Naturen wie Du eine bist, Pit, das sind ihre ersten Opfer. Wie ein Schwarm Heuschrecken fallen sie über einen wie dich her und töten ihn mit ihrem Kunstgift. Du liest das Zeug, siehst oder hörst es dir an, und es ist nur noch eine Frage der Zeit, daß dir das Gehirn weich wird. Eine Art Parkinson-Virus, eine Kulturpsychose, etwas in jeder Hinsicht Ungeheuerliches. (*Nach einer Pause*) Aber es endet ohnehin alles in Chaos, ob es diese Existenzen mit ihren Produkten der Bulimie nun beschleunigen oder nicht. (*An Pit gewandt*) Du armer Sack schläfst ja schon wieder. Du verschläfst alles, um mich dann wieder mit deinen Fischaugen anzustarren und deprimierend dumme Fragen zu stellen. Du bist auch so eine Legitimationsfigur für gescheiterte Ärzte...

PIT (*Pit, wieder erwachend, benommen*) ...und ein Schiff wird kommen...

HARRY Ein Schiff..., ein Schiff... (*Lacht*) Die Existenzen werden kommen und dir deinen leeren Schädel mit ihren Einfällen stopfen, als wäre er eine Mülltonne. Diese letzten Kreaturen in einem allerletzten Krieg. Und sie kuschen ja auch, wenn man sie nur ordentlich in irgendwelche Geisteshospitäler abschiebt – verkappte Lungenheilstätten, die keine Patienten mehr finden oder ausrangierte Schlösser und Burgen in einer Gegend, in die keiner mehr hingekommen ist seit Goethe. Dann stellt man einen Tisch und einen Stuhl hin, sorgt für fließendes Wasser und nennt das Ganze »Goethe-Wanderstipendium«. (*Lacht*) Aber diese Goethe-Wanderstipendiaten bringen ja nichts Sinnvolles zustande. Sie sitzen isoliert und weltverloren in ihren sterilen Subventionsklitschen und schauen auf grasende Kühe und schreiben willkürlich nieder, was ihnen durch den Kopf geht. Schließlich sollen sie ja etwas liefern, damit ein Kulturbeamter seine Stelle behält. Und wenn man etwas Sinnvolles sucht (*Kramt in den Büchern und Papieren, die im Regal sind, stößt sie herunter oder wirft sie hinter sich*) ..., dann findet man nichts. Nichts ... Absolut nichts ... Nur Zivilisationsdekor, Gelegenheitsschriften, Zufallsverse. Kein wirkliches Leiden, kein Thema, keine Frage und keine Antwort. Nichts als Germanistenfutter ...

(*Harry setzt sich aufs Bett zurück und ißt weiter an seinem Apfel*)

PIT (*wach, klar, das Licht wieder in gleicher Stärke auf Pit wie auf Harry*) Oder stelle dir vor, einer von uns ist nominiert, Kanzler zu werden ...

HARRY Oder Papst ...

PIT Sehr geehrter Herr sowieso, in Generalabstimmung und in Anbetracht ihrer Verdienste...

HARRY ...als Oberarsch...

PIT ...sind wir übereingekommen...

HARRY Sie zwangseinzuweisen. (*Lacht*)

PIT (*überlegt, spricht sinnierend zu sich selbst. Das Licht ist jetzt gänzlich auf Pit gerichtet, Harry im Dunkeln*) Hier..., hier hat er gelegen. (*Zeigt auf seinen Nachttisch*) Und davor (*läuft auf Harrys Bett zu*)..., lag er... (*betont*) *hier*. (*Zeigt auf Harrys Nachttisch*) Und ehe er ...hier lag, (*überlegt*) lag er unterm Schrank. Unterm Schrank, ja. (*Geht zum Schrank, bückt sich, schaut unter den Schrank*) Nichts. Nur tiefe, tiefe Nacht. (*Überlegt, greift nach einer Gardinenstange, geht auf die Knie, steht wieder auf und stellt die Gardinenstange an die Stelle zurück, an der er sie nahm*) Aber unterm Schrank war er schon einmal hervorgeholt worden..., hervorgeholt worden. (*Überlegt, dann zu Harry gewandt*) Da ich den Brief unterm Schrank fand, kann er folglich auch nicht unterm Schrank liegen, Harry. Es sei denn..., aber das ist sehr unwahrscheinlich..., sehr unwahrscheinlich. Wir sind also schon ein Stück weiter, Harry. Die Nachttische fallen auch weg... Das heißt, die Orte, an denen der Brief einmal lag, scheiden bei unseren Nachforschungen aus. Es sei denn..., aber das ist unwahrscheinlich..., sehr unwahrscheinlich. (*Überlegt weiter*) Und wenn die Orte, an denen der Brief einmal lag, ausscheiden, bleiben, (*hebt dabei beschwörend den rechten Zeigefinger*) logischerweise, nur jene Orte zu untersuchen, an denen der Brief nicht lag. (*Referierend weiter*) Nun kann man aufgeben und sagen, das wäre viel, zu viel, was zu untersuchen bliebe, denn die Welt, wie wir wissen, ist groß, zu groß, als daß man einen verlorengegangenen Brief in ihr fände... Aber, Harry, die Trostlosigkeit ist nur eine scheinbare, denn, da niemand von uns aus diesem Raum gegangen ist und niemand in diesen Raum gekommen ist, kann, logischerweise, der Brief... gar nicht in der Welt als solcher sein, sondern nur in diesem Raum. Das heißt freilich nicht, Harry, daß ich damit sagen will, daß dieser Raum (*betont*) *nicht* zur Welt gehört..., aber er ist doch ein sehr sehr kleiner und für uns durchaus überschaubarer Teil von ihr. (*Geht überlegend und bedächtig, in bedeutsamen Schritten quer durch den Raum*) Es folgt..., wir haben es nicht mit der Welt als solcher zu tun, sondern nur mit ihrem äußerst minimierten *Element*. Und damit haben wir schon eine sehr wichtige Formel gefunden, Harry, die uns helfen wird, unsere Betrachtungen, die Betrachtungen über das Verschwinden sind, sinnvoll anzustellen. (*Findet ein Stück Kreide und schreibt an die Tür, dabei laut diktierend*) RAUM = ELEMENT. Aber: ELEMENT < WELT. Im ELEMENT, Harry, ist alles enthalten, was wir hier sehen und sind. In der WELT ist enthalten, was wir nicht sehen und nicht sind. Das heißt, logischerweise, wir brauchen uns, und das ist das Tröstliche in unserer durchaus schwierigen Lage, nicht um das kümmern, was wir nicht sehen und nicht sind, sondern können uns auf das konzentrieren, was wir sehen und sind. Der Brief ist also eine Variable nicht der WELT, sondern des ELEMENTES der WELT. Nun könntest du einwenden, Harry, daß das ELEMENT Element der WELT ist, und somit folgern, daß die VARIABLE Brief ebenfalls Element der WELT ist und nicht Element von ELEMENT ist. Aber, Harry, dann hättest du übersehen, daß wir, durch ein durchaus statthaftes (*betont*) *Reduktionsverfahren*, für diese Frage bereits vorgesorgt hatten, als wir sagten: RAUM = ELEMENT und ELEMENT < WELT, womit ELEMENT zwar Element der Welt bleibt, praktisch gesehen, mathematisch aber, für uns, für unsere Überlegungen, um uns nicht unnötig durcheinanderzubringen, um es so einfach wie möglich zu machen, (*betont*) *nicht mehr* Element der WELT ist. (*Harry liegt auf seinem Bett und schläft tief*) Wir können also durch diese Operation innerhalb unserer Betrachtungen über das Verschwinden, Harry, alle Orte der Welt außer acht lassen, wenn wir auf die Suche gehen, die VARIABLE zu finden. Und wo finden wir die Variable, Harry? (*Beantwortet im Rausch des Referierens selbst*) Im ELEMENT ..., richtig. Und da ELEMENT = RAUM ist, folgt, der Brief, unsere VARIABLE, muß im RAUM sein. Und da die empirischen Untersuchungen bereits ergeben haben, daß der Schrank, dein Nachttisch und mein Nachttisch auf die VARIABLE negativ reagierten, um es einmal allgemeinverständlich zu formulieren, folgt, daß der Schrank und die beiden Nachttische zur WELT gerechnet werden können, sozusagen unsere Untersuchungen nicht länger zu beeinträchtigen haben. Ergo: durch das Reduktionsverfahren werden wir, über kurz oder lang, ganz *zwangsläufig* auf die VARIABLE, also auf den von uns beiden gesuchten Brief, stoßen. Dann nämlich, wenn wir jedes Ding, das wir sehen, auf unsere Fragestellung hin untersucht haben. (*Überlegt*) Wir müssen also als erstes einmal ein System erarbeiten, das uns sagt, welches Ding in Frage kommt, näher untersucht zu werden.

(*Sieht sich um*) Da haben wir ... das Bett. (*Geht zum Bett, schüttelt die Bettdecke durch, das Kopfkissen, schaut unter das Laken, schaut in den Ritzen der Matratzen, verrenkt sich umständlich und schaut unter das Bett*) Was sehen wir denn da ..., Staubflocken ..., wie auf dem Mond so viel ... (*bläst den Staub zur Seite*) Was sehen wir denn jetzt ..., Staubflocken auf der einen Seite ..., keine Staubflocken auf der anderen Seite ..., ein Knopf ... (*Holt umständlich den Knopf hervor, lehnt sich ins Bett zurück, betrachtet den Knopf*) Ein schöner Perlmuttknopf. (*Hält den Knopf gegen das Licht. An Harry, der wieder wach ist*) Sieh, Harry, was für ein schöner Knopf! Ein schöner, fremder Knopf. Der Knopf eines anderen. Eines Verstorbenen vielleicht. Eines, der weg ist, pfutsch, und der diesen Knopf zurückgelassen hat auf Erden. (*Nach einer Pause*) Das Letzte vielleicht, das von ihm blieb ..., und das er nicht mitnehmen konnte. Weil er verloren war, wie unser Brief verloren ist. Aber wenn ein so schöner Knopf übrig bleibt ...

HARRY (*wieder im gleichen Licht wie Pit*) Siehst du, nun hast du wenigstens etwas gefunden. Ich sag's doch. Man findet immer etwas, wenn man sucht, gleichviel, was es ist. Man muß nur suchen, Pit. Und daß man etwas anderes findet, als man gesucht hat, nun, das ist die Regel. (*Unterbricht kurz, sieht aus dem Fenster*) Waschküche, kein Himmel, keine Wolken, kein spielender Wind in den Zweigen, nichts. Als wäre ein weißes Tuch über uns gefallen, das mit einem schwarzen Tuch wechselt. Weißes Tuch, schwarzes Tuch, weißes Tuch, schwarzes Tuch. Tag, Nacht, Tag, Nacht. Tagein, tagaus, tagein, tagaus. Und kein Ende in Sicht, keine Abwechslung, nicht einmal eine klitzekleine Operation, auf die man warten könnte. Ein süßer, winziger Schnitt in den Körper ... wie in ein Bergwerk, in ein Geheimnis ..., mit ein wenig Blut unterm Nachthemd, wenn man erwacht ..., oh, wie bedeutend. (*Mit Nachdruck zu Pit*) Und du findest einen Knopf!, einen Perlmuttknopf!, einen schönen, einen sehr schönen Perlmuttknopf! Was für ein Glückspilz du doch bist! Es gibt so wenig Glück auf der Welt, und du hast es. Nicht das ganze Glück, aber immerhin.

PIT Ein Knopf. Kein Brief. (*Nach einer Pause, dabei hingebungsvoll den Knopf betrachtend*) Ein Knopf ...

HARRY Aber immerhin ... Viele, Pit, viele finden gar nichts, wenn sie suchen. Sie suchen nur andauernd, suchen und suchen und finden nichts. Und du? Du suchst einmal ..., du gehst einmal auf Reisen ..., und kommst gleich mit einem Knopf heim. Was für ein Ereignis! Was für ein Geschenk! Und du findest nicht nur irgendeinen Knopf, o nein ..., du findest einen (*betont*) *Perlmuttknopf*! Oh, wieviel Glück ..., oh, wieviel Freude. (*Nach einer Pause*) Der Brief, vorausgesetzt, daß er an dich war, hätte dir ..., vielleicht ..., vielleicht ... *Unglück* gebracht. Die meisten Briefe bringen Unglück ins Haus, und die wenigsten Briefe bringen kein Unglück ins Haus, und ganz wenige Briefe nur, sehr sehr wenige Briefe bringen Gutes ins Haus, hörst du. (*Melancholisch*) Auch ich habe einmal Briefe bekommen, früher, als ich (*zeigt mit einer abwinkenden Armbewegung Richtung Fenster*) draußen lebte. Nicht viele, aber immerhin. Und es waren immer Unglücksbriefe. Oder fast immer Unglücksbriefe. Ein paar Briefe waren auch keine Unglücksbriefe ..., Glücksbriefe auch nicht, aber auch keine Unglücksbriefe – wenige, wenige. So bist du ein Glückspilz in zweifacher Hinsicht: einen schönen Knopf gefunden zu haben erstens, und keinen Unglücksbrief erhalten zu haben zweitens. (*Wendet sich, sichtlich gelangweilt, von Pit wieder ab*)

PIT Du meinst ...

HARRY (*angeödet*) Ja ...

(*Längere Pause. Harry und Pit hantieren in sich

versunken und jeder auf seinem Bett sitzend mit kleinen Gegenständen herum)

PIT (*flüsternd*) ... Harry? (*Lauter*) ... Harry?!

HARRY Pit?

PIT Ich glaube, ich leide an einem Zwang (*zwickt sich dabei mehrmals in den linken bzw. rechten Arm, beißt sich schließlich in die rechte Hand und schlägt sich mehrfach auf die Schenkel*).

HARRY Das glaube ich auch.

PIT Es ist ..., als müßte ich ... prüfen ..., ob es mich gibt ...

HARRY Und?

PIT Was, und?

HARRY Na ..., und?! Was ergeben deine Exerzitien?

PIT Schwer zu sagen. (*Nach einer Pause*) Einmal denke ich, etwas gespürt zu haben. Dann wieder denke ich, mir nur einzubilden, etwas gespürt zu haben. Ich habe keine Gewißheit. (*Nach einer Pause*) Was kann man da tun?

HARRY Das weiß ich doch nicht ...

PIT Du weißt doch sonst immer alles.

HARRY Ja, aber in dem Falle ...

PIT Bist du denn nicht mehr mein ... (*zögert*) Führer?

HARRY Keine Lust mehr. Scheißspiel. Scheißordnung, Scheißschicksal. Lust aus. Spaß aus. Harry tot. Harry seien kein Führer mehr.

Harry haben kein Amt mehr. Harry seien gar nichts mehr. Harry tot.

PIT (*singt*) ... Du hast ja ein Ziel vor den Augen ..., damit du in der Welt dich nicht irrst ... (*Schaut prüfend zu Harry, der reagiert nicht*) Keine Reaktion ... Kennst du den ...? Ulbricht bei der Betriebsbesichtigung einer Brauereigenossenschaft in Leipzig. »Nuu, Genossen, wie sieht's mit der Planerfüllung aus.« – »Prächtsch ..., viele 100%. Nur der Kesselstein macht uns zu schaffen.« – »... Wird importiert, Genossen, wird importiert ...« (*Auf Harry schauend*) Keine Reaktion ... Oder der: Honecker fährt im offenen Staatswagen durch Berlin. Am Straßenrand jubelt ihm das Volk zu. Plötzlich ein Schuß, Handgemenge, der Wagen bremst. Honecker unverletzt, der Attentäter sofort gestellt und in Haft genommen. Lange Verhöre beginnen, um auf die Hintermänner des Attentats zu kommen. Nach einer langen Nacht des Verhörens beugt sich ein Beamter dem Attentäter vertraulich entgegen und fragt: »Unter uns: nun sagen sie doch mal, wie Sie aus einer Distanz von 3 Metern noch danebenschießen konnten ...« Antwortet der: »Na, treffen Sie mal, wenn Sie von allen Seiten geschubst werden und jeder Ihnen zuruft: Schieß doch ..., schieß doch ..., schieß doch ...« (*Auf*

Harry schauend) Nichts. Kein Zeichen. Kein Leben. (*Ruft, schreit*) Harry!!!

HARRY Zwanzig Jahre Bautzen.

PIT (*singt*) ... Du hast ja ein Ziel vor den Augen ..., damit du in der Welt dich nicht irrst ...

HARRY (*singt*) ... Wir sind die Moorsoldaten ..., und ziehen mit dem Spaten ..., ins Moor ...

PIT (*singt*) ... Drum links, zwei drei ..., drum rechts, zwei drei ..., weil auch du ein Arbeiter bist ...

HARRY (*unterbricht Pit*) Leg er sich in die Riemen, Sklave! (*Pit gehorcht sofort und beginnt eifrig zu rudern*) Und eins ..., und zwei ..., und eins ..., und zwei ..., wir müssen zusammenhalten, ... wir müssen uns arrangieren, ... wir müssen durchkommen, wir müssen ...

PIT (*hält ein, ernst, zu Harry*) Hast du deine Akte gesehen, Harry?

HARRY Akte? Was für eine Akte ...

PIT Na, deine Akte, Idiot. Jeder hat doch eine Akte. Du mußt doch eine Akte haben, Idiot.

HARRY Hab' keine Akte. Nichts von einer Akte gehört. Weit und breit kein Hinweis darauf, daß ich eine Akte habe.

PIT Na, sag mal, Harry ...

HARRY (*gereizt*) Warum soll ich denn eine Akte haben, he?

PIT (*überlegt*) Na, weil du . . ., einmal draußen gelebt hast . . . Oder hast du etwa nicht (*betont*) *draußen* gelebt . . ., drüben . . ., hier . . ., früher?

HARRY Klar, hab ich draußen gelebt! Lange, lange. Und viel gesehen, ich sag dir, ich weiß Bescheid . . ., ich weiß, was da gedreht wird . . ., was da blubbert und brodelt und kocht . . . (*in erhabener Tonlage*), was da so alles aus den Töpfen kriecht, mein Lieber, und sich festsetzt in die Ritzen wie Kakerlakeneier und sich ausbrütet . . ., mein Lieber, oh, mir sagst du nichts!

PIT Ja, aber . . .

HARRY Und du?

PIT Nein, nichts. Rein gar nichts. Nicht einmal ein Hinweis auf mich, irgendwo, bei irgendwem. Keine Bemerkung, kein Zettel. (*Nach einer Pause*) Keine Spur.

HARRY Die Schweine . . .

PIT Halunken . . .

HARRY Das mußte ja zusammenbrechen . . .

PIT . . . Mußte zusammenbrechen . . .

HARRY Das konnte ja nichts werden . . .

PIT . . . Konnte nichts werden . . .

HARRY So, wie die gearbeitet haben . . .

PIT . . . Wie die gearbeitet haben . . .

HARRY Keine Ordnung . . ., kein System . . .

PIT Mangel an Technik . . .

HARRY Mangel an Personal...

PIT Mangel einfach an allem...

HARRY (*ruft, die Arme ausgebreitet, Richtung Himmel*) Deutsch sein heißt..., vorhanden sein!!

PIT ...Eine Akte haben!

HARRY Vorkommen!

PIT Na, das ändert sich jetzt alles.

HARRY Keine Schlamperei mehr..., keine Nachlässigkeiten...

PIT Das wird schon, Harry, das wird schon...

HARRY Meinst du?

PIT (*tröstend*) Aber ja...

HARRY ...Daß der Fortschritt...?

PIT Aber sicher...

HARRY Bis... (*zieht mit den Armen einen Kreis um sich*) hierher...

PIT Aber gewiß doch... (*nach einer längeren Pause*) Harry?

HARRY Ja, Pit?

PIT Waren wir denn (*betont*) *niemand*? Waren wir es denn nicht einmal wert, daß es einen klitzekleinen Vermerk von uns gibt? Einen kurzen, lakonischen Bericht? (*Nach einer Pause*) Immerhin..., immerhin war ich doch (*betont*) dagegen. Ich meine, es muß mir doch (*betont*) *einmal, einmal* in all den Jahren so ein hübsches Arschloch über den Weg gelaufen sein, das Meldung machte. Es liefen doch allerhand herum davon. Und wir waren doch (*betont*) *da*. (*Nach einer Pause*) Es kann doch nicht alles (*betont*) *umsonst* gewesen sein.

HARRY (*bekommt einen Lachanfall, danach*) ... Vielleicht warst du selbst so ein Arschloch...

PIT (*wirft einen Gegenstand nach Harry*)

HARRY Besinne er sich...! (*Nach einer Pause, ernst*) Was wissen wir schon voneinander. Was wissen wir schon von uns.

PIT Nichts. Absolut nichts. Nicht einmal eine Vermutung, Ahnung, Andeutung sozusagen. (*Beginnt erneut, sich zu zwicken und zu kneifen*) Dieser (*betont*) *Zwang* aber auch... Ich meine, so ein kleiner Realitätsbeweis täte schon gut.

HARRY Ein Vermerk. Eine Marginalie.

PIT Aber wir erscheinen ja nicht einmal im Index...

HARRY Als wären wir über den Weltrand gestürzt...

PIT Wir sind nicht einmal (*betont*) *Indexpersonen*...

HARRY Aber vielleicht sind schon alle Kreaturen... über den Weltrand (*betont*) *gestürzte* Kreaturen... wie wir?

PIT ...Im Bewußtsein... aus dem Bewußtsein geraten...

HARRY ... Und als Abbild ... wiedergeboren ...
PIT ... Und als Abbild ... gelöscht ...
HARRY (*den Ton wechselnd*) Da hilft nur eines ...
PIT (*simuliert zwei, drei Ruderschläge*) ... Rudern ..., bis an den (*betont*) *Bildrand der Geschichte* ..., bis ans Ufer ... einer Instanz ..., die uns ... im Briefkopf ... erwähnt ... und mitzählt ... (*Hält, wie von einer fixen Idee befallen, inne und ruft euphorisch*) Der Brief!
HARRY Ja, und? Weg, na und?
PIT Ja aber, Harry! Ein Hinweis, eine Spur ...
HARRY Wohin, meinst du, soll denn die Spur führen? (*Mit einem Zeichen Richtung Fenster*) Etwa (*betont*) *da* raus?! Danke, mein Lieber, das hatten wir schon. (*Nach einer Pause*) Außerdem (*betont*) *ist da nichts*. Nichts, wofür sich vom Himmel zu kommen lohnt.
PIT Himmel ..., ich höre wohl nicht recht! Die Hölle ist es, aus der wir kriechen. Ein Seeleninferno. Eine Auslöschung.
HARRY Wir sind die Untoten, die Ruhelosen, die Wanderer der Nacht, die nirgendwo ankommen werden und nirgendwo waren. (*Stille, längere Pause. Hinter der Bühne sind Schritte zu hören. Sie kommen näher, entfernen sich wieder, kommen abermals näher*)
PIT Da war jemand.
HARRY Da ist jemand.

PIT Da sucht uns jemand.

HARRY Da will einer was von uns.

PIT Vielleicht einen Brief bringen..., eine Nachricht hinterlassen..., einen Hinweis geben..., ein Zeichen... (*ruft*) Hier...! Hier sind wir!! (*Die Person hinter der Bühne verschwindet wieder*)

HARRY Nichts.

PIT Niemand.

HARRY Aus.

PIT Vorbei.

HARRY Erledigt...

PIT ...Zu den Akten gelegt...

HARRY Einbildung, sag ich. (*Nach einer Pause*) Die Welt ist eine Einbildung. (*Nach einer Pause*) Wir sind eine Einbildung.

PIT (*überlegend*) Gehen wir doch alles noch einmal ganz genau durch!

HARRY Dein Nachttisch...

PIT Nein.

HARRY Mein Nachttisch...

PIT Nein.

HARRY Schrank...

PIT Nein.

HARRY Dein Bett...

PIT Nein.

HARRY Mein Bett...

PIT Dein Bett!

HARRY (*lehnt sich weit vor und schaut unter das Bett*)

PIT Was siehst du?

HARRY Staubflocken...

PIT Und noch?

HARRY Nur Staubflocken. Wie auf einer Mondlandschaft. (*Bläst die Staubflocken zur Seite*)

PIT Und was siehst du jetzt?

HARRY Auf der einen Seite Staubflocken... Und auf der anderen Seite... nichts...

PIT Gar nichts?

HARRY Nein, gar nichts.

PIT (*Enttäuscht, mehr zu sich selbst*) Nicht einmal einen (*hält den Knopf gegen das Licht*) ..., klitzekleinen... Knopf?

HARRY (*kommt mit dem Kopf hoch, legt sich resigniert ins Bett zurück*) Nicht einmal einen klitzekleinen Knopf.

PIT Das ist nicht viel, Harry.

HARRY Ich sagte doch, daß du ein Glückspilz bist.

(*Stille. Harry und Pit haben sich voneinander abgewandt, jeder ist mit sich selbst beschäftigt. Harry schaut auf seinen leeren Teller, auf dem das Obstmesser liegt*)

HARRY Hast du noch einen Apfel, Pit?

PIT (*schaut auf seinen Teller, der ebenfalls leer ist*) Nein, kein Apfel mehr. Nichts mehr.

HARRY Auch kein Stückchen Apfel mehr? Kein abgeknabbertes Gehäuse von einem Apfel?

PIT (*schaut noch einmal auf seinen Teller*) Ratzekahl leer, alle, nichts.

HARRY Wir werden verhungern.

PIT Wir müssen Sport treiben, uns fit halten ...

HARRY Durchkommen ...

PIT Uns arrangieren ... (*Vorhang*)

4. Szene

Tag, helles Licht. Die Person, deren Schritte man in der 3. Szene hörte, kommt wieder an das Zimmer heran. Diesmal wirft sie sich gleich gegen die Tür, die nach innen aufschlägt. Die Frau strauchelt herein, irritiert und verärgert. Sie trägt einen kostbaren Pelz und allerhand Schmuck, wirkt, trotz ihres hohen Alters, elegant. Von der Situation ist sie sichtbar angeekelt. Blind vor Wut geht sie auf Harry zu, den sie als ersten sieht.

FRAU Mir ..., mir das zuzumuten!! Ein Skandal! Eine Ungeheuerlichkeit! Bin ich ein Hund, der auf Türklinken springt?!

HARRY (*schaut hilflos auf die Frau*) Aber meine Dame ...

FRAU (*sieht genauer auf Harry, schreit kurz auf*) ... Hilfe!, wer ist (*zeigt auf Harry, betont*) *das* denn ...?

HARRY Sie meinen?

FRAU (*sieht sich im Raum um und entdeckt Pit, den sie gesucht hat*) Wieso hast du denn kein Einzelzimmer! (*Schaut auf Harry*) ... Und liegst mit einem solchen (*betont*) *Bären* zusammen? Und wieso liegst du so halbversteckt neben der Tür und nicht am Fenster?

PIT (*bleich vor Schreck starrt er vom Bett aus auf die Frau wie das Kaninchen auf eine Schlange. Stotternd*) Ddd... Ddduuu??

FRAU (*zieht sich einen Stuhl ans Bett, legt ein Taschentuch darauf und setzt sich, nachdem sie auch die Rückenlehne auf Schmutz kontrolliert hat*) Ja, wer denn sonst?, vielleicht der heilige Geist? Hast du mich denn nicht erwartet? Wußtest du wieder einmal nicht Bescheid? Naja, es ist das alte Lied... (*Sie kramt in ihrer Handtasche, zieht einen kleinen Spiegel heraus und beginnt, sich die Frisur zurechtzumachen. Danach zieht sie sich die Lippen mit einem Lippenstift nach und pudert leicht die Wangen*) Ich habe dir etwas Obst mitgebracht. (*Holt einen Apfel aus der Tasche und legt ihn Pit auf den Nachttisch. Schaut sich im Raum um*) Igitt, wie das hier alles aussieht... Und wie es stinkt... Riechst du es denn nicht? Diesen säuerlichen Geruch nach Ausscheidung und Siechtum? (*Sieht zum Fenster*) Kein Wunder, bei dem winzigen Loch da hinten... (*Angeekelt*) Das ist ja die reinste Totengruft... Und natürlich liegst du wieder am allerunmöglichsten Platz. Typisch. Hat man dich wieder ins Bockshorn gejagt. Typisch. Du warst schon immer ein Versager, ein Schwächling. Ich hätte auf deine Mutter hören sollen, damals. Sie hatte mich gewarnt, diese bösartige Wachtel. Mein Piti, hat sie gesagt, ist eine schwache Natur . . ., eine gute, aber eine schwache Natur. Eine zerbrechliche Natur. Eine Natur, aus der entweder etwas Großes wird, oder aus der gar nichts wird, hat sie gesagt, deine Mutter. (*Schaut wieder in den kleinen Spiegel, den sie in der Hand behalten hat, und preßt kurz die Lippen zusammen*) Und natürlich wird in neunhundertneunundneunzig von eintausend Fällen nichts aus diesen kläglichen Geschöpfen, wie du eines bist. Aber woher hätte ich das wissen sollen, damals. Es sagte mir ja niemand. Außer deine Mutter, diese Glucke. Aber da hat sie ausnahmsweise einmal recht gehabt . . ., wenn sie nie recht hatte . . ., aber da hatte sie recht, daß du ein ewiger Verlierer bist, ein geborener Versager, eine Niete, ein Nichts. Als dir das erste Mal gekündigt wurde, dachte ich noch, daß das eine Ausnahme wäre, eine Prüfung für mich, dir beizustehen. Oh, wie naiv von mir . . ., wie unerfahren ich doch in die Ehe geschliddert bin . . ., und war doch so jung . . . und schön. (*Sieht in den Spiegel*) Das Landleben ist schuld. Das Landleben ruiniert die Menschen. Sie erfahren nichts, wenn sie auf dem Lande leben, können nichts richtig einschätzen. (*Vorwurfsvoll*) Meinst du vielleicht, in einer Stadt wären wir uns begegnet? Niemals, sage ich dir ..., niemals. Aber auf dem Lande, wo es nur dreieinhalb Männer im heiratsfähigen Alter gibt ... Da imponiert es schon, wenn einer den Busfahrer vom Nachbardorf kennt. (*An sich selbst gerichtet*) Ich hätte es wissen müssen ... Ich hätte es wissen müssen ... Spätestens, als deine Mutter mir sagte, auf was ich alles zu achten hätte. Mein Piti ist so empfindlich, hat sie gesagt, so zart. Wenn er am Morgen keine Haferflocken bekommt, wird er blaß und schwach und müde, und wenn er am Abend fette Speisen ißt, verdirbt er sich den Magen und liegt am nächsten Tag krank im Bett, mein Piti, hat sie gesagt, deine Mutter. Und daß man dich immer nur leise anzusprechen habe, hat sie gesagt, immer nur leise. Andernfalls bekomme er die Melancholie, hat sie gesagt, und bringe sich womöglich noch um, wie sein Vater. Der war auch nicht ganz gescheit. Nimmt Rattengift und stirbt wie ein Tier. Anstatt sich ordentlich aufzuknüpfen. Naja, wie der Vater so der Sohne. (*Schaut wieder in den Spiegel*) Aber dein Vater hat es wenigstens noch getan. Er war wenigstens (*betont*) *einmal* konsequent, wenn auch auf sehr dumme, unüberlegte Weise. (*Nach einer Pause*) ... Rattengift ..., igitt. (*Nach einer Pause*) Das brächtest (*betont*) *du* natürlich nicht fertig. Jammerst und klagst nur und schleppst dich von Krankheit zu Krankheit und liegst anderen Leuten auf der Tasche. Du bist der Typ, der immer nur ankündigt ... Wie oft hast du deinen Selbstmord schon angekündigt – ich könnte ein Lied davon singen. Das nimmt keiner mehr ernst auf der Welt. Der Selbstmord wäre nicht schrecklich. Es wäre genausowenig schrecklich, wie ihn nicht zu begehen nicht schrecklich ist. Das ist alles einerlei. Aber die Ankündigerei ist schrecklich, dieser Druck, der auf andere damit erzeugt wird. Macht er's ..., oder macht er's nicht, muß ich ..., oder muß ich nicht nach ihm sehen ..., schrecklich. Und dann erfährt man von ganz stillen Leuten, daß sie aus der Welt geschieden sind ..., ganz leise ..., auf eine ganz undramatische Art. Und man wundert sich. ›Der ...‹, sagt man sich, ›der ..., der immer so ruhig war und gesund schien und zufrieden ...‹. Und oft sind es ganz edle Naturen, geistige Naturen, die sich umbringen, weil sie es einfach nicht mehr ertragen können, daß nichts einen Sinn gibt. Aber die Schwachen sterben nicht aus, die ewigen Ankündiger, die immer Kränklichen und immer Verzweifelten. Sie leben von ihrer Kränklichkeit und Verzweiflung und ziehen die anderen in ihre Veranlagung hinein und setzen sie unter Druck und erpressen sie mit ständigen Ankündigungen und nutzen es aus, daß es eine Moral auf der Welt gibt. Und am Ende überleben sie, so ist das.

PIT (*schaut geistesabwesend ins Leere und schluchzt leise*)

FRAU (*versöhnend*) Nun schau doch nicht so drein... Du bist aber auch empfindlich... (*streichelt ihn*) Sieh mal, wie zerzaust dein Bett ist. (*Beginnt, das Bett ein wenig herzurichten, schüttelt das Kopfkissen auf*) Ich habe doch nicht die weite Reise gemacht, um dich in einer solchen Verfassung zu sehen..., du kleiner, unnützer Junge... (*Pit beruhigt sich*) Ich habe mich doch schon lange mit meinem Schicksal abgefunden. Ich lasse dich doch nicht im Stich. (*Nach einer Pause*) Aber du mußt auch nicht gleich so reagieren, so übertrieben und übersensibel. (*Ohne auf eine Entgegnung tatsächlich zu warten*) Nun sag doch einmal was..., naja, du warst schon immer so still. Ich kenne dich nicht anders als still. Deine Stummheit, in der immer etwas Anklage lauert..., immer etwas Vorwurf..., damit hast du mich erfolgreich gequält all die Jahre. Es stets mir zu überlassen, herauszufinden, was du denken und meinen könntest... Wie das Weltgewissen hast du auf dem Sessel deines Vaters gesessen und mich nur stumm angeschaut, wenn ich dir etwas gesagt habe, was dir nicht in den Kram passen wollte. Keine Erklärung, keine Verteidigung ..., immer nur dieser stumme, leidende Blick – wie ein Hund, den man in der Küche erwischt hat. Furchtbar. Und dann diese Ankündigungen, diese Drohungen. Grauenvoll. Was sagen denn die Ärzte dazu? Kommt denn hier überhaupt jemand? (*Sieht sich erneut im Raum um*) Wie das hier aussieht, o Gott! (*Sie steht auf und beginnt, ein wenig Ordnung zu machen. Sie stolpert über eine Kabelrolle, die sie an die Wand schiebt. Dann räumt sie einige Bücher und Papiere ins Regal*) O mein Gott! (*Nach einer Pause*) Aber die Ärzte sind ja auch alles Versager einer anderen Art. Es hat gar keinen Zweck, sich auf Ärzte einzulassen. Wenn du dich auf sie einläßt, bist du im Grunde schon tot. Sie therapieren alles zu Tode. Gerade, wenn du auf dem Land lebst und an einen gerätst, der Hühneraugen ebenso ausdrückt wie er Stimmenhören behandelt. Da ist es völlig aussichtslos, jemals lebend wieder nach Hause zu kommen. Du erinnerst dich noch an meine Neurodermitis? Es war eine vollkommene Überlastungssituation. Die Beerdigung deines Vaters, der Ärger mit dem Haus, deine Mutter, die jeden Abend bei uns auf der Couch saß und mir Vorschriften machte. Und was hat Dr. Olschowski gesagt? –

Ich solle keine Erdbeeren essen, am besten überhaupt kein Obst, aber auf gar keinen Fall Erdbeeren. Ich würde die Säure nicht vertragen, hat er gesagt. (*Erregt*) Umbringen wollte er mich! (*Nach einer Pause*) Diese Ärzte haben keine Philosophie, das läßt sie beleidigend werden. Sie können den Körper nicht im Zusammenhang sehen ... mit der Seele. Die auf dem Lande am allerwenigsten. Auch ein Grund, in die Stadt zu gehen. (*Nach einer Pause*) Wenn man in der Stadt ist, denkt man immer, man müsse aufs Land gehen. Man liegt im weißgefliesten Bad und träumt vom Plumpsklo. Die Menschen sind immer in das Abwesende verliebt. Aber das Land ist kulturlos, es treibt einen nur in sinnlose Ehehöllen. Und wenn man krank wird, weil man an Höllenqualen leidet ..., wird einem gesagt ..., daß das von den Erdbeeren kommt. Grauenhaft. (*Längere Pause. Die Frau steht auf, geht ein paar Schritte, sieht auf die Uhr*) Oh, halb sechs. Kommt denn hier niemand, der einem sagt, daß die Zeit zu Ende ist? Merkwürdig, äußerst merkwürdig ... (*Nach einer Pause*) Der Hund von der Anni ist tot. Echt Rasse. Ein Unfall, sagt man. Ins Auto sei er gerannt. Soll noch gelebt haben. Gleich in die Klinik sind sie gefahren mit ihm, gleich operiert sei er worden, aber zu spät. (*Pathetisch*)

Was für ein toller Hund. Was für ein schöner Hund. Bartholomäus – was für ein Name, Pit, was für ein Name! Und Manieren hatte der – wie ein Graf, wie ein Fürst. Sie hing ja auch sehr an ihm. Soll zur gleichen Zeit mit ihm Mahlzeit gehalten haben, zur gleichen Zeit mit ihm zu Bett gegangen sein. Hatte niemanden mehr, nachdem die schreckliche Sache mit dem Wilhelm – Gott habe ihn selig – ausgestanden war. Ganz blöd war er am Ende und gelähmt, wirklich furchtbar. Parkinson, hieß es, oder ein Tumor. So richtig hat man das alles gar nicht mehr untersucht, das ging so schrecklich schnell alles. Von Halbjahr zu Halbjahr diese Veränderungen, wirklich furchtbar. – Und jetzt auch noch der Hund... Arme Anni! (*Nach einer Pause*) Aber mein Leben ist ja auch verpfuscht. Wenn nicht diese Erbschaft gewesen wäre, wer weiß..., dann würde ich vielleicht auch so herumliegen wie du... So kommt man wenigstens noch etwas über die Runden, wenngleich mit einigen Klötzen am Bein. (*Nach einer Pause*) Soll vielleicht alles so sein... Schicksal... (*Bewußt an Pit gewandt*) Was meinst du? (*Und ohne auf eine Antwort zu warten*) ... Schicksal. Alles Schicksal. Und die Verdummung, der man auf dem Lande ausgesetzt ist. (*Wieder an Pit gewandt*) Was sagst du? ... Aber du sagst ja nichts, natürlich. (*Nach einer Pause*) Nur gut, daß wir keine Kinder haben ... Nur gut. Wenigstens ist mir das erspart geblieben, von dir auch noch Bälger zu haben, die jeden Tag mit unverschämten Forderungen kommen. Sieh sie dir doch an, diese junge Brut ... Zu nichts zu gebrauchen, an nichts interessiert. Lungern nur in Discotheken herum und geben Geld aus, das sie ihren Eltern aus der Brieftasche stehlen. Bei der Anni im Keller haben sie sich eingenistet wie kleine Ratten. Sie traut sich gar nicht mehr hinunter, die Arme. Rauchen und trinken und schwängern sich, diese Kinder. Irgendwie fühlen sie ja auch, daß sie zuviel sind und daß keiner so recht weiß, wo mit ihnen hin. Natürlich sagt ihnen das niemand, es herrscht die reinste Verlogenheit um uns. Aber sie fühlen es, sie haben einen Instinkt dafür. Im Grunde sind sie Unglückswürmer ..., die Kleinen schon, die den ganzen Tag vom Sandberg ballern mit ihren Plastikgewehren und Rache schwören – Unglückswürmer ... Ich habe immer Gott dafür gedankt, daß er es mir erspart hat, mit dir einen Unglückswurm mehr in diese Welt gesetzt zu haben. So einen kleinen Teufel, der spuckt und sabbert und unten herum immer schmutzig ist ..., igitt ... Aber vielleicht hätte ich das damals auch anders empfunden, ich weiß nicht.

Naiv wie ich war. Dieses Landleben ist geradezu prädestiniert gewesen, Kinder aus dem Leib purzeln zu lassen wie ein Huhn seine Eier. Um uns herum quakte und quengelte es ja ständig. Im April ging das los, sobald es etwas wärmer wurde. Man konnte keine Fenster mehr öffnen, wenn man einen klaren Gedanken fassen wollte. Ständig dieses Quaken und Quengeln und gedehnte Mama-Rufen, aus allen Büschen und Sträuchern und Sandkästen gleichzeitig, entsetzlich... Und wenn man hoffte, daß die Bälger einmal groß werden würden, dann waren schon wieder deren Geschwister zur Stelle, grauenhaft... Aber gottlob hat deine permanente Unfähigkeit für alles wenigstens hier ihr Gutes gehabt. (*Schaut auf die Uhr*) Sechs Uhr, also jetzt muß ich aber gehen. Hier kommt ja niemand, es einem zu sagen. Wie unanständig. Lassen einfach die Leute so sitzen und befreien sie nicht von der Qual, die Angehörigen an ihrem Ende zu sehen. Die reinste Notzucht. Gemein wie dein Weltgewissen, das du im Hundeblick hast. (*Zu sich selbst*) Aber ich bin selbst schuld... Was komme ich auch her... (*Kramt einen Lippenstift aus der Handtasche hervor, hält sich den Spiegel vor das Gesicht und schminkt sich*) Es ist das Gewissen, das einen nötigt. (*Selbstbemitleidend*) Ich bin zu weich, zu sentimental..., zu gut. Das hat deine Mutter schon gesagt... Weiche Menschen schaden dir, hat sie gesagt. Weiche Menschen sind Gift für dich, weil du dich sofort an sie anzuschmiegen beginnst und deine Chance witterst, sie einzulullen und mit Gefühlen zu erpressen. Bei einem weichen Menschen, hat sie gesagt, wird unser Piti noch weicher, als er es ohnehin schon ist. Weiche Menschen machen unseren Piti ganz deprimiert, und mit ihrer Weichheit verschlimmern sie seine Kränklichkeit nur, anstatt sie zu lindern, hat sie gesagt. Unser Piti braucht sein geregeltes Essen und seine warme Unterwäsche..., aber eine strenge Hand, die ihn durchs Leben führt..., sonst nimmt es noch ein schlimmes Ende mit unserem Piti, hat sie gesagt. Naja, (*an sich selbst gerichtet*) wer nicht hören will, muß fühlen. (*Sie steht auf, geht ein paar Schritte, dreht sich unvermittelt wieder um und fährt fort*) Ach, stell dir einmal vor, was ich in der Zeitung gelesen habe... (*Kramt in der Handtasche*) Also so etwas Furchtbares... (*Sucht*) Ich habe doch die Seite extra aufgehoben... (*Sucht weiter, findet plötzlich das Blatt und liest*) »Moskau sucht den Menschenfresser. Sporttasche mit Leichenteilen in der Moskwa entdeckt. – Moskau. – Die Moskauer Staatsanwaltschaft fahndet fieberhaft nach einem Menschenfresser. Dem bisher Unbekannten werden etliche Morde in der Hauptstadt zur Last gelegt. Zuletzt haben Anwohner in der Moskwa eine Sporttasche mit Leichenteilen entdeckt. Beim Öffnen wurde ihnen übel: In der Tasche lagen abgenagte Menschenknochen mit noch daran hängenden...« (*unterbricht, wiederholt*) mit noch daran hängenden..., was für ein miserables Deutsch. Aber das merkt ja ohnehin keiner mehr. (*Liest weiter, wiederholt*)... »Abgenagte Menschenknochen mit noch daran hängenden gegrillten Fleischbrocken. Nachforschungen der Miliz ergaben, daß es sich bei dem Fund um die Überreste einer 55jährigen Frau handelt. Gegessen hat der Kannibale das Fleisch der Unterschenkel, das Brustfleisch und die Finger, die fein säuberlich abgenagt wurden.« (*Zu sich selbst*) Es ist eine Gewalt in der Welt... (*Laut*) Vor kurzem erst war doch diese Sache mit der Bestie von Rostow. (*Nach einer Pause, an Pit gewandt*) Sei nur froh, daß du hier untergebracht bist. Da bist du wenigstens in Sicherheit... (*Schaut auf Harry*) Es sei denn, dieser Bär... Aber naja, wir haben alle unser Schicksal. (*Dreht sich um und geht eilig hinaus. Vorhang*)

5. Szene

Nacht, die Bühne ist fast dunkel. Harry und Pit schlafen. Kurze Zeit passiert gar nichts, bis plötzlich hinter der Bühne ein Poltern und lautes Diskutieren zu hören ist. Dann schlagen zwei Soldaten mit dem Gewehrkolben die Tür ein und springen mit einem Satz in den Raum. Dabei gehen sie sofort in Deckung und halten die Gewehre im Anschlag.

1. SOLDAT Ist hier jemand!!

2. SOLDAT Ist hier jemand!!

(*Harry und Pit schrecken hoch und sitzen aufrecht in ihren Betten. Einer der Soldaten hat unterdessen den Lichtschalter gefunden und betätigt, der Raum wird durch eine Glühbirne etwas erleuchtet – das Oberlicht bleibt nach wie vor aus. Als die Soldaten Harry und Pit in ihren Betten sehen, gehen sie beide in Angriffsstellungen und halten ihre Gewehre auf die Männer gerichtet*)

1. SOLDAT Hände hoch!! (*Harry hebt die Hände*) Ihr Code!

HARRY Wie meinen?

2. SOLDAT Code!

HARRY Was für einen Code . . ., aber bitte, meine Herren . . .!

1. SOLDAT Jeder hat einen Code, jeder, verstehen Sie. Nur die Feinde haben keinen Code, verstehen Sie!

2. SOLDAT Nur die Feinde haben keinen Code!!

PIT (*stammelnd*) Mögen ..., mögen die Herren vielleicht ... (*überlegt kurz*) einen Apfel? (*Nimmt den Apfel vom Teller, reicht ihn hin*)

1. SOLDAT Wir wollen keinen Apfel ...!, wir wollen Ihren Code!

2. SOLDAT ... Ihren Code!

1. SOLDAT Nur Feinde haben keinen Code!

2. SOLDAT ... Nur Feinde!

PIT (*an Harry gewandt*) Sie wollen unsere Namen wissen, Harry ... (*An die Soldaten gewandt, dabei auf Harry zeigend*) Das ist Harry, und ich bin ...

1. SOLDAT Namen interessieren uns nicht.

2. SOLDAT ... Interessieren uns nicht.

PIT (*an Harry gewandt*) Sie wollen unser Geburtsdatum wissen, Harry ... (*An die Soldaten gewandt, dabei auf Harry zeigend*) Harry ist geboren (*überlegt*) am ... (*An Harry gewandt*) Sag ihnen, wann du geboren bist, Harry ...

HARRY (*überlegt*) Geboren ..., geboren ...

1. SOLDAT Es interessiert uns einen Dreck, wann Sie geboren sind und ob Sie überhaupt geboren sind. Einen Dreck, verstehen Sie! (*Geht auf Harry zu und gibt ihm einen Tritt. Harry stürzt*)

2. SOLDAT Es interessiert uns einen Dreck, wie Sie heißen. Es interessiert uns einen Dreck, wann und wie und ob Sie geboren sind!

1. SOLDAT Sie interessieren uns überhaupt einen Dreck, verstehen Sie!

2. SOLDAT ... Einen Dreck, verstehen Sie!

1. SOLDAT Wir wollen nur Ihren Code, nichts weiter ... Sonst ... (*Hebt das Gewehr in Augenhöhe und zielt auf Harry*)

2. SOLDAT (*an den 1. Soldaten gewandt*) Ich glaube, es sind Feinde.

1. SOLDAT (*an Pit gewandt*) Kein Code – Feind! Code – kein Feind!

PIT (*erregt, wie in einer Eingebung*) Der Brief, der Code ...

HARRY Die Zahl ...

(*Pit läuft zur Tür, die am Boden liegt, liest*)

PIT Zwei – acht – acht ...

HARRY Zwei – acht – acht ...

2. SOLDAT (*läuft ebenfalls zur Tür, liest*) Zwei – *acht* – acht ... Stimmt.

1. SOLDAT Na also ... (*Nimmt das Gewehr herunter, stellt sich entspannt hin*)

2. SOLDAT Na bitte ... (*Entspannt sich ebenfalls*)

1. SOLDAT Kein Code – Feind!

2. SOLDAT Code – kein Feind!

1. SOLDAT Es ist Krieg.

HARRY Wo?

2. SOLDAT Überall.

PIT Warum?

1. SOLDAT Einfach so. (*Nach einer Pause*) Revolution eben.

HARRY Revolution?

2. SOLDAT Überall. Einfach so...

1. SOLDAT Der Krieg...

2. SOLDAT Ist überall...

1. SOLDAT Einfach so... (*Nach einer Pause*) Es war auch Zeit, daß einfach mal so etwas passiert schließlich. Das ging nicht mehr so weiter, daß gar nichts passierte.

2. SOLDAT Eine Revolution war mehr als fällig. Schauen Sie sich doch einmal den Kalender an, wieviele Jahrzehnte nichts mehr grundlegend passiert ist.

HARRY Und... und (*betont*) *was* haben Sie vor... zu verändern?

1. SOLDAT (*an den 2. Soldaten gewandt*) Was wir vorhaben, will er wissen...

2. SOLDAT (*an den 1. Soldaten gewandt*) Was wir vorhaben...

1. SOLDAT Erstens sind wir nur ausführendes Organ. Wir haben Aufträge, und führen sie aus. Und zweitens...

2. SOLDAT (*wiederholend*) Und zweitens... (*Die beiden Soldaten schauen sich etwas ratlos an*)

1. SOLDAT Scheiße, was stellt ihr eigentlich für dämliche Fragen! Wer seid ihr überhaupt!!

2. SOLDAT Es gibt kein Zweitens! Damit ist es zu Ende, endlich. Damit wird Schluß gemacht, aufgeräumt!

1. SOLDAT Keine Fragen, keine Antworten mehr.

2. SOLDAT Es wird eben alles anders.

1. SOLDAT Besser.

2. SOLDAT Etwas, wofür zu sterben sich lohnt! (*1. und 2. Soldat zusammen, dabei die Gewehre schwenkend*) Es lebe die Partei!!

HARRY Welche Partei?

1. SOLDAT (*an den 2. Soldaten gewandt*) Welche Partei, will er wissen ...

2. SOLDAT (*an den 1. Soldaten gewandt*) Welche Partei, hat er gefragt ...

PIT (*in entschuldigendem Ton, dabei auf den Raum zeigend*) Wir waren ...

HARRY Die ganze Zeit ...

PIT ... Hier.

HARRY Keine Nachricht ...

PIT Kein Zeichen ...

HARRY Nichts. Nur Himmel, Wolken, das Eisentor gegenüber, das früher einmal benutzt worden war. Aber schon lange ..., schon lange nicht mehr benutzt worden ist. Keine Menschen, keine Toten, nichts.

PIT Keinerlei Anzeichen auf (*betont*) *irgend etwas*.

HARRY Nur überflüssiges Material (*zeigt auf das Regal*) ...

PIT Von früher...

HARRY Entbehrliche Schriften. (*Zeigt auf das Gerümpel*) Hinterlassenschaften.

PIT ... Von früher.

HARRY Und kein Hinweis...

PIT Kein Zeichen...

HARRY Daß etwas weitergegangen ist...

PIT Vorhanden ist...

1. SOLDAT Macht nichts. Wir schicken ein paar Leute vorbei, die kümmern sich...

2. SOLDAT Die kümmern sich...

1. SOLDAT Zunächst aber haben wir jemanden hier abzugeben..., unterzubringen..., zu verwahren. (*Er zeigt auf den Eingang. Die Soldaten gehen hinaus und schieben ein Stahlbett herein, das ringsum vergittert ist. Auf dem Bett sitzt ein Mann im Nachthemd. Er hat eine Krone auf, in der linken Hand hält er ein Zepter. Über die Knie ist ein Bettisch gelegt, auf dem Papier und eine Schreibfeder liegen. Neben ihm liegt ein Kassettenrecorder, der später benötigt wird. Die Soldaten schieben das Bett in die Nähe des Regals. Dann verschwinden sie durch die eingestoßene Tür*)

MANN Ich habe meinen Namen verloren. Ich habe meine Geschichte verloren.

PIT (*an Harry gewandt*) Der ist hin...

HARRY (*an Pit gewandt*) Völlig hinüber...

MANN (*nach einer Pause, laut streitend und an niemanden Bestimmtes gerichtet*) Ich gebe hier die Befehle, verstanden?! Niemand sonst hat auch nur ein Sterbenswörtchen zu sagen!! (*Leiser*) Die Stunde ist ernst, Genossen. Der Klassenfeind hat zugeschlagen, er steht schon vor unserer Tür. (*Leiser, flüsternd*) Das ist von unseren Zugeständnissen gekommen, von unserer Güte, Genossen. Wir waren zu mild, zu weich, zu tolerant.

PIT (*mit einer Geste des Vogelzeigens, an Harry gewandt*) ... Zu milde ... Der tickt doch nicht richtig ...

HARRY (*an Pit gewandt*) Der hat sicher nie richtig getickt ...

MANN (*nach einer Pause des Überlegens, laut*) Geht!, geht hinaus und verteilt Bananen!! Wir müssen doch noch ein paar chilenische Bananen im Bunker haben ...! Werft sie in die maulende Meute!! Erschlagt sie damit!! (*Zu sich selbst, leiser*) Dieses Pack, dieses undankbare, elende Gesindel ... (*Er verstummt und beginnt, kleine Zettel zu beschreiben, die er der Reihe nach in Umschläge faltet*)

PIT Der ist ausrangiert, sag ich ...

HARRY Abgestellt ...

PIT Überflüssig ...

HARRY Zuviel ...

MANN Höre ich Stimmen?

HARRY (*gibt Pit ein Zeichen, leise zu sein*)

MANN Habe ich Stimmen gehört? Kommen die Stimmen wieder? (*Fuchtelt mit den Armen, als wollte er die Stimmen vertreiben*) Dieses Sirren in der Luft. Dieses Säuseln und Wispern. Sie kriechen zu mir ins Bett wie heimtückische Vipern, (*schaut unter die Bettdecke*) nisten sich in meiner Haut ein, legen Eier und brüten sie aus, diese Verräter. (*Schreit*) Alle, alle sind sie Verräter!! Es wimmelt nur so von Verrätern, stinkt förmlich nach Verrat. Die Welt ist eine Kloake voller Verräterschiß. Wenn man sie abläßt, ist sie leer. Und wenn man sie nicht abläßt, ist sie voller Verräterschiß. Es lohnte nicht, einen Gedanken daran zu verschwenden, wenn man nicht seine Bestimmungen hätte. Aber was von oben kommt ... (*Schaut zur Decke und fährt dann mit seiner Schreibarbeit fort*)

PIT (*an Harry gewandt, flüsternd*) Ob wir ihn fragen?

HARRY Was?

PIT Wo er herkommt zum Beispiel, wie er heißt, was draußen passiert ist ...

HARRY Von dem erfährst du nichts mehr.

PIT Man kann es versuchen ... (*An den Mann gewandt*) Herr! (*Lauter*) Herr!!

MANN (*unterbricht das Schreiben, schaut kurz*

auf) Eine Stimme ruft nach mir?! Eine Menschenstimme? (*Schaut wieder auf seine Zettel*) Ich verabscheue Menschenstimmen. Es ekelt mich, wenn ich an Menschen nur allein denke. Ich habe Menschen nie ertragen. Ich habe ihnen Befehle zu geben, aber ich ertrage sie nicht. Nicht in meiner Nähe, nicht vor meinen Augen. (*Schnüffelt*) Riecht es hier etwa nach ... Menschenfleisch?

HARRY (*an Pit gewandt*) Er ist gefährlich, Pit.

PIT Ob er die Bestie von Rostow ist?

HARRY Wer weiß ...

PIT Ein Menschenfresser?

HARRY Möglich.

MANN (*während er schreibt*) Menschenfleisch ..., es ekelt mich. Es ist abstoßend. Alles Verräter, Überläufer, Konvertiten. Man kann sich auf niemanden verlassen. Bei der ersten besten Gelegenheit fallen sie einem in den Rücken und stechen zu. Man hat sie aus der Gosse gezogen und jahrzehntelang genährt, dann fallen sie feige über dich her wie ein Schwarm ausgehungerter Insekten und saugen dir das Blut aus den Adern. Jahrzehntelang ..., jahrzehntelang hat man sich aufgeopfert für dieses Pack Schweine ..., hat Grenzen bewacht und Archive geführt, um sie vor den Gefährlichkeiten der Welt zu beschützen und vor sich selbst ...

Und dann dieser Undank, diese Demütigung. (*Er kramt nach dem Kassettenrecorder und stellt ihn an. Vom Band hört man dieselbe Stimme in pathetischer Gebärde*) Aber das Rad der Geschichte, Genossen, ist nicht zurückzudrehen. Wir werden unsere Errungenschaften verteidigen, und wenn es sein muß, mit der Waffe in der Hand! (*Darauf erklingt die Internationale. Mitten im Lied ist das Band zu Ende und läuft leer um eine Spule, bis das Gerät abgestellt wird. An niemanden Bestimmtes gerichtet, fährt er fort*) An den Eiern werde ich euch durch den ganzen Schlamm der Geschichte schleifen …, (*hebt beschwörend die Hände*) mit diesen meinen eigenen Händen! (*Sanftmütig, hilflos in sich zusammengesunken*) Habe ich euch denn nicht immer gut behandelt? Habe ich euch denn nicht geliebt wie mein eigen Fleisch und Blut? Habe ich euch denn nicht behütet wie meinen Augapfel? (*Nach einer Pause*) Seid ihr denn nicht alle … (*betont*) *meine Kinder gewesen*? (*Beginnt zu weinen*)

PIT (*an Harry gewandt*) Armer …

HARRY Laß dir nur wieder das Herz brechen von diesem Gesülze …, diesem Fliegenschiß.

PIT (*weinerlich*) Undank ist der Welt Lohn … Hat sich aufgeopfert, (*pathetisch an Harry gewandt, betont*) *für uns*, sag ich Dir!

HARRY Ja, daß wir in den Knast gekommen und langsam am Verrecken sind...

PIT Aber du hast doch selber gesagt: draußen (*betont*) *ist* nichts.

HARRY Natürlich (*betont*) *ist* nichts. Alles vertrocknet, ausgelöscht und leer.

PIT Na siehst du...

HARRY Was sehe ich? Dich klägliche Figur sehe ich und einen Verrückten.

PIT (*mehr zu sich selbst*) Kann man denn gar nichts für ihn tun? (*Nach einer Pause*) Ich könnte ihm meinen Apfel schenken...

HARRY Er nimmt nichts aus Menschenhand.

PIT Wir könnten ihm dienen...

HARRY Hörte ich da eben »wir«? Ich dachte immer, (*betont*) *ich* bin dein Herr...

PIT Aber du weißt doch, daß das für ganz andere Bedingungen galt. (*Bedeutend und betont*) *Aber das hier ist Wirklichkeit, tatsächliche Geschichte!*

HARRY Davon verstehst du vor allem soviel...

PIT Man könnte ihm vielleicht bei seinen Schreibarbeiten helfen. Oder das Bett aufschütteln. Oder die Hände waschen.

HARRY Oder den Arsch wischen.

PIT Oder ihm die Zeit mit Späßen vertreiben.

HARRY (*gelangweilt*) Aber er mag keine Menschen in seiner Nähe.

PIT Da sind wir machtlos.

HARRY Da können wir nichts für ihn tun. Außerdem werden die Soldaten wiederkommen, und wenn sie sehen, daß du ihm hilfst, knüpfen sie dich am Fensterkreuz auf.

PIT Man weiß wirklich nicht mehr Bescheid heutzutage. Heutzutage ist alles ein Fehler. Kein Wort, das sich nicht auch gegen dich richtet. Keine Freundschaft, die nicht ihre Feindschaften fordert.

HARRY (*überrascht, betont*) *Der*... und dein Freund?

PIT Ich denke nur, er muß Schreckliches durchgemacht haben, verbittert, wie er ist. Er muß sehr gelitten haben...

HARRY So wie die Henker leiden, wenn sie zuschlagen müssen. So wie die Könige leiden am Gewicht ihrer schweren Gewänder.

PIT Wir müßten ihm ein paar (*betont*) *gute* Erfahrungen mit Menschen vermitteln..., etwas Positives zuspielen...

HARRY Zu spät...

PIT Schließlich sind (*betont*) *wir* schuld..., weil es uns gibt..., (*nach einer Pause*) wenn es uns gibt. (*Nach einer Pause*) Die Menschen sind schuld, weil sie da sind, Luft verbrauchen, Ansprüche stellen. Da ist es doch nicht zuviel verlangt, ihm auch einmal Dankbarkeit zu zeigen, Respekt und Ergebenheit...

HARRY Alles zu spät...

PIT Ja, er mag keine Menschen mehr. (*Nach einer Pause*) Das haben wir nun davon...

HARRY Menschenfleisch ekelt ihn..., du hast es selbst gehört.

PIT (*nach einer Pause*) Ob die Zeit besser wird, Harry?, jetzt, wo überall alles ganz anders werden soll irgendwie?

MANN (*schnüffelt*) Menschen... Ich rieche es...

HARRY (*leise zu Pit*) Still jetzt. Wir dürfen ihn nicht erregen, sonst bricht uns die Bestie am Ende noch aus...

MANN (*an niemanden Bestimmtes gerichtet*) Ihr falschen Nattern, mich so jämmerlich zu verraten, mich derart im Stich zu lassen! Durch (*betont*) *mich* hat es euch überhaupt erst gegeben. Meine Verfügungen und Befehle haben aus euren Existenzen (*betont*) *reale* Existenzen gemacht. Ohne mich seid ihr nichts, gar nichts, nurmehr wandelnde Heuchler und Betrüger, die auf Heuchler und Betrüger stoßen und vor lauter Heuchelei und Betrug sich gegenseitig ausrotten werden. (*Fuchtelt wild mit den Armen*) Ja, geht nur zugrunde, ihr Intriganten und Spione..., ihr Abgesandten der Unterwelt..., ihr Bastarde!!

PIT Oh! Ob er uns damit meint?

HARRY Das geht nun aber entschieden zu weit!

PIT Heuchler, hat er gesagt. Betrüger, Intriganten, Spione...

HARRY Abgesandte der Unterwelt...

PIT Bastarde...

HARRY Das brauchen wir uns nun wirklich nicht nachsagen zu lassen.

MANN (*weiter zu sich selbst*) Sie lauern überall, an jeder Ecke, in jedem Winkel, in allen Ritzen und Nischen..., sie hören alles mit und schreiben alles auf..., sie sind immer hinter einem, neben einem, über und unter einem..., selbst in die Träume schleichen sie sich ein und in die Gedanken... Man muß wachsam sein. Man muß an seine Bestimmungen denken, an seinen Auftrag. (*Schaltet erneut das Kassettengerät an, nachdem er die Spule neu eingelegt hat. Seine Stimme vom Band*) Der Klassenfeind, Genossen, wartet nur darauf, daß wir Schwächen zeigen, unaufmerksam sind, nachgeben, und dann schlägt er zu, Genossen. Nachts, wenn alles schläft ringsum und nur ein paar verwilderte Stadtkatzen über die Dachböden streifen, dann, Genossen, wenn der Mond ruhig und hoch steht und die Dunkelheit durchbricht, wenn alles in seiner Müdigkeit liegt, dann, Genossen, (*betont*) *wenn der Frieden am größten scheint*, dann schlägt er zu, aus dem Hinterhalt, wie es seinem Charakter entspricht, dann schlägt er gnadenlos zu. Dann sticht er uns nieder, zwingt er uns zu Boden, schändet er unsere ertragreichen Felder, demontiert die Fabriken, verschleppt und verhetzt er unsere Kinder und Frauen. Deshalb dürfen wir, die erste Brigade, die Vorhut, der Spähtrupp, das unsichtbare Bataillon an unsichtbaren Fronten, niemals müde werden und schlafen, niemals das Auge wenden vom Feind, niemals an Wachsamkeit verlieren. Schlimmer aber noch als des Feindes Schuß in den Rücken ist sein lieblicher Gesang, sein falsches Beteuern, sein leeres Versprechen, sein giftiges Lob. Wisse: Er hat Kreide gefressen und kratzt an der Haustür mit weißer, mehlverschmierter Pfote! Hüte dich (*dabei vollführt er eine händeringende Geste nach oben*) . . . !, hüte dich . . . !, wenn deine Feinde die Hand dir reichen . . . Denn alles, ausnahmslos alles kann der Feind sein . . . In jede Haut kann er schlüpfen, jede Stimme kann er imitieren, jede Rolle kann er übernehmen . . . Er kann sich zusammenziehen zu einem Speichelfaden, der einem Hund aus dem Maul rinnt . . ., und er kann sich wie ein Virus über die Welt verbreiten . . . Der Feind kann in das Gewand des Volkes schlüpfen, Genossen, ja er kann, Genossen, das Volk selbst sein, und in den allerschwersten Stunden der Geschichte, kann er auch die Welt und die

Menschheit sein... Er schreckt vor nichts zurück, Genossen..., aber das Rad der Geschichte..., Genossen..., dreht sich niemals zurück... (*Danach erklingt wieder die Internationale, bis das Band, noch ehe das Lied zu Ende ist, abermals abspult und leer um eine Spule dreht. Nach kurzer Zeit schaltet er das Gerät ab*) Diese Würmer. Diese kleinen, schmutzigen Kümmerlinge. Diese Sklaven aus Leidenschaft. Freiheit, schreien sie..., Freiheit..., und wissen nicht, daß ihre Freiheit beginnt, wenn sie in Ketten liegen. Nirgendwo, sag ich, nirgendwo gibt es soviel Sicherheit... wie in Gefängnissen. Nirgendwo gibt das Leben... soviel Sinn..., weil es... auf etwas... verweisen kann..., was..., in letzter Instanz..., (*betont*) *ich* bin! (*schreit*) Ich!!

HARRY Jetzt reicht es mir aber!

PIT Das geht wirklich etwas zu weit.

HARRY Das höre ich mir nicht mehr mit an!

PIT Das kann man sich wirklich nicht bieten lassen.

MANN (*schnüffelt*) Menschen, ich wußte es doch..., ich rieche es doch... (*Entdeckt Harry und Pit, an sie gewandt*) Wer da!

PIT (*stotternd*) zzzwei – *acht* – acht...

MANN Menschen, in meiner Nähe, wie furchtbar, welch eine Qual. Einen König in Menschennähe zu bringen..., was für eine Demütigung. Ich werde (*nestelt mit einem Finger an der Oberlippe herum*) gleich Herpes bekommen...

HARRY (*ironisch*) Oh, das tut uns aber leid...

MANN Aber bitte, die Herren, das geht nicht gegen Sie..., ich meine, nicht gegen Sie persönlich..., sondern gegen Sie... als Gattung..., wenn Sie verstehen wollen... Es ist ein Trauma, das ich von früher Kindheit an habe, eine Phobie. Menschen in direkter Umgebung machen mich krank. Ich kann ihre Stimmen nicht hören und ihre Ausdünste nicht riechen. Ich bekomme (*nestelt wieder an seiner Oberlippe*) schwere Allergien..., Appetitlosigkeit..., Schlafstörungen... (*Nach einer Pause*) Dabei liebe ich Menschen, wenn Sie verstehen wollen... Aber nicht so (*betont*) *direkt*, nicht so *unmittelbar*... Ich liebe sie (*überlegt*) auf eine andere..., auf eine höhere Art..., als Geistesmensch sozusagen. Wenn ich in meinen Archiven bin zum Beispiel und in den unzähligen Regalen nach Akten stöbere..., dann, wenn ich es mir vor Augen halte, daß jeder Ordner einer meiner Menschen ist, dann liebe ich sie. In der Abwesenheit sozusagen, in der zur Schrift gewordenen Wesentlichkeit..., wenn Sie verstehen wollen. Ich kann mich nicht lange mit Haut und Haaren und Augenfarben und dergleichen abgeben, das nimmt zuviel Zeit in Anspruch, bei meinen täglichen Geschäften und Verpflichtungen und so weiter. Ich muß sozusagen alles gleich im Überblick haben, am besten als Kurve oder als Diagramm sehen. (*Nach einer Pause*) Als diese Verräter mich hier eingesperrt hatten (*rüttelt etwas hilflos am Gitter*) war das Schrecklichste nicht, was sie taten, sondern, daß sie mir, rein physisch betrachtet, (*betont*) *nahe* gekommen waren. Oh, wie furchtbar ..., diese schrillen, zischenden Stimmen ..., diese Gerüche nach Bohrmilch, fettigen Haaren und Knoblauch ... Sehen Sie (*referierend an Harry und Pit gewandt*), der ganze Fortschritt beruht doch im Grunde darauf, sich gegenseitig vom Halse zu halten. Nicht umsonst geht es gerade in der Elektronik so rasant vorwärts. Die ganze Befehlsmaschinerie ..., von oben nach unten ..., was bezweckt sie anderes, als Abstände zu schaffen, Raum herzustellen. Man verteilt Aufträge, gibt Befehle, Anweisungen, Ordern, um Menschen aus seiner Nähe zu haben, sie wegzudelegieren, sie wie Fliegen zu verscheuchen, wenn Sie verstehen wollen. Sie zum Beispiel (*er zeigt mit dem Finger der rechten Hand auf Harry und Pit*) ..., Sie sind mir viel, viel zu nah. Mir ist ganz übel von dieser Nähe ..., der

Magen rebelliert und der Kopf... (*Und noch ehe Harry oder Pit etwas sagen können*) Aber bitte..., bitte..., verstehen Sie mich richtig... Es ist der Umsturz, der verhindert, daß ich Sie wegbefehlen kann... Nicht eigentlich Sie sind schuld, sondern die Umstände, unter denen die Ordnung zusammengebrochen ist. Andernfalls würde ich jetzt in meinem Archiv stehen und vielleicht..., vielleicht..., wer weiß..., wer weiß..., in ihren Akten stöbern und voller guter, liebender Gefühle für Sie sein, wenn Sie verstehen wollen... (*Er wendet sich wieder ab, schnüffelt*) Wie entsetzlich, wie grauenhaft, wie demütigend...

PIT (*an den Mann gewandt*) Wir könnten..., vielleicht..., ich meine..., vor die Tür ziehen, (*an Harry gewandt*) Harry, nicht wahr?

MANN Er ist ein guter Mensch..., ein guter Mensch. Aber die Ordnung, sie ist aus den Fugen. Alles kaputt und zerstört. Mein Lebenswerk, das Archiv, kaputt und zerstört. Ich habe es ja immer gesagt..., ›es werden schlimme Zeiten über uns kommen‹, habe ich gesagt... Aber auf mich hörte ja keiner. Als Parasiten und Dreck der Geschichte hat man mich bezeichnet, stellen Sie sich das einmal vor, (*betont*) *mich* einen *Parasiten*..., einen *Geschichtsdreck* zu nennen! Bei meinen Verdiensten um das Archiv!

Ungeheuerlich, ganz ungeheuerlich. Es war der feindliche Virus schon bis in die eigenen Reihen gedrungen, wenn Sie verstehen wollen. (*Nach einer Pause, pathetisch*) Oh, ich kann ein Opferlied singen...! (*Nach einer Pause*) Und wie sie mich alle angeschaut haben auf einmal..., so schräg von oben herab..., diese..., diese... (*Sucht nach einem Wort*)

PIT ... Verräter...

MANN ... Diese Verräterbande, dieses Natterngezücht! Sie warteten nur auf die Stunde, mir ihr Gift in die Seite zu spritzen. Es ist alles ein Problem der mangelnden Distanz, sage ich Ihnen, der Berührbarkeit. Was herrschen will, darf nicht ansprechbar sein, das ist ein Gesetz. Was sich ansprechbar macht, hat, früher oder später, verloren..., es verliert seine Magie, seine Gewalt, die es aus seiner Unsichtbarkeit, seiner Abwesenheit bezieht. Mit Respektlosigkeiten fängt es an, mit lästigen Widerreden und aufmüpfigen Bemerkungen. Und haben diese Horden blutsaugender Tiere erst einmal deine Schwachstelle gefunden, dann stoßen sie sofort mit ihren Reißzähnen zu und zerfleischen dich bei lebendigem Leibe. Erst heulen und winseln sie, liegen dir voller Demut zu Füßen und lekken die Sohlen..., aber wehe, du legst einmal die Peitsche aus der Hand... (*Laut*) Aber es wird mich niemand...!, niemand an meinen Bestimmungen hindern!! (*Wieder leiser*) Wenn Sie verstehen... Man darf ihnen keine Zugeständnisse machen, keine... Ein König wird nicht für seine Milde geliebt, wenn Sie verstehen wollen, sondern für seine Konsequenz. Die Aufgabe eines Königs ist es, sein Volk so gut wie möglich zu versklaven und ihm in der Versklavung das Reich der Freiheit zu zeigen. Nur (*betont*) *das* will es von ihm wirklich..., wenn Sie verstehen wollen. (*Nach einer Pause*) Man muß die Zügel anziehen, und kurz, bevor der Sklave erstickt, lockerlassen. Anziehen... und lockerlassen. Dafür braucht man Instinkt, Fingerspitzengefühl, das muß man sozusagen... im Blut haben. Sie glauben gar nicht, wieviel Lust das bereitet, immer kurz vor dem Tod wieder ins Leben zurückgeworfen zu werden. Ein kleines Zugeständnis zur richtigen Zeit wirkt Wunder, sage ich Ihnen. Allein davon hängt alle Macht ab, diesen (*betont*) *Zeitpunkt* zu finden und ein Gespür für das richtige Maß an Zugeständnis zu haben, wenn Sie verstehen wollen. (*Nach einer Pause*) Der Feind, sage ich Ihnen, der Feind ist überall am Werk! (*Hält die Hand ans Ohr*) Hören Sie?

PIT Was?

MANN (*leise, fast flüsternd*) Die Totengräber...

Hören Sie sie nicht?, wie sie graben ... und graben ... Sie warten ... auf meine Gebeine ..., auf die Fäulnis ... meines Fleisches ..., auf die Verwesung ... meines Körpers ..., auf die völlige Auflösung ... meiner Existenz ... Ich kann ihre Stimmen hören, mit denen sie sich die Maden in meinen Schädel wünschen und die Würmer in meinen Därmen. Sie kommen näher ... und näher ... (*verdämmernd*) und näher ... (*schläft ein*)

PIT Ob wir ihm nicht doch (*zögernd*) ... helfen sollten? (*Nach einer Pause*) Ich meine, altes Unrecht darf doch nicht neues Unrecht sein ... Und so schlecht ... lebten wir hier ja nun auch wieder nicht ...

HARRY (*als hätte er eben nicht zugehört*) Der macht nicht mehr lange.

PIT Weißt du noch, Harry, wie du mir einmal zum Geburtstag eine Torte aus Keksen, Marmelade und Margarine gebastelt hast? Ach, das war schön ... Und wie wir zusammengehalten haben, Harry, wenn einer Fieber und Dünnschiß bekam? Ach, das war schön ... Wir haben uns doch gut arrangiert, Harry, findest du nicht? (*Nach einer Pause*) Soll denn das alles (*betont*) *nichts* gewesen sein? Und überhaupt, Harry, so unrecht hat er nun auch wieder nicht. Ich meine mit der Sicherheit und so. Was wissen wir, was draußen alles passiert ist in letzter Zeit, was da blubbert und brodelt und dir in den Schritt fällt.

HARRY (*weiterhin, als hörte er nicht zu*) Was der wohl geschrieben hat? (*Zeigt auf die Briefe und Blätter, die auf des Mannes Bettisch liegen, steht auf und schleicht sich an dessen Bett heran*)

PIT (*flüsternd*) Vorsichtig..., um Gottes willen..., wenn er erwacht... und ausbricht... und uns tötet...

HARRY Briefe..., er schreibt Briefe...

PIT Was für Briefe?

HARRY Ich weiß nicht. (*Geht näher heran*)

PIT Was siehst du jetzt?

HARRY Nichts. Es sind nur Zahlen auf die Umschläge geschrieben. (*Liest*) Zweihundertundachtzig..., zweihundertundeinundachtzig..., zweihundertundzweiundachtzig..., zweihundertunddreiundachtzig...

PIT Was das wohl bedeuten mag?

HARRY Keine Ahnung.

PIT Es werden sicher Befehle sein..., oder Urteile... Vielleicht sollten wir uns doch besser... (*zögernd*) gut mit ihm stellen...

MANN (*er regt sich etwas, als würde er jeden Augenblick erwachen*)

PIT Komm zurück, Harry, schnell...

HARRY Wollen wir ihn töten? Ich finde, das ist ein schöner Ort... für einen Mord...

PIT Einfach nur so?, weil Revolution ist?

HARRY Ehe er uns tötet, Idiot!

PIT Und du meinst, wir stoßen so auf einen Hinweis, auf ein Zeichen über uns?

HARRY Über uns gibt es keine Hinweise oder Zeichen. Vergiß es.

PIT Dann sind wir ... (*nach einer Pause*) also nicht (*betont*) *wirklich*?

HARRY Dieser Affe (*zeigt auf den Mann dabei*) wird dir gleich zeigen, (*betont*) *wie* wirklich du bist, wenn er dir in die Nüsse tritt.

PIT Also tun wir's?

HARRY Ganz sauber ..., ganz perfekt ...

PIT Und es wird nichts schiefgehen?

HARRY Das wird ganz professionell erledigt. Mit einem (*macht eine Geste des Halsabschneidens*) entschiedenen Ruck!

PIT Und die Soldaten? Wenn sie wiederkommen?

HARRY Werden uns belohnen, auszeichnen, befördern ...

PIT Und wenn nicht?

HARRY Du hast ja gehört: er war ein Parasit, Geschichtsdreck, Oberklasse, die abgedankt hat.

PIT Ob er wirklich einer von oben ist?, von ganz oben ist?

HARRY Der ist plem-plem, sage ich dir. Irgend so ein Archiv hat er geleitet. Einer vom Ministerium wahrscheinlich. Ein Tschekist in schlechter Auftragslage.

PIT Aber dann könnte es sein, daß er uns zu unseren Akten führt... Irgendwo muß es doch stehen, daß ich irgendwie immer dagegen gewesen bin gegen alles...

HARRY Über uns gibt es keine Akten, Pit. (*Nach einer Pause*) Du brauchst keine Angst mehr zu haben vor deiner Biografie.

PIT (*empört, betont*) *Ich* und Angst vor meiner Biografie...! Das ist ja der Superwitz! (*Hämisch*) Aber vielleicht bist (*betont*) *du* es, der hier die Katze im Sack hält...

HARRY Fragen wir ihn lieber, warum es über uns (*betont*) *keine* Akten gibt.

PIT (*an den Mann gewandt, ängstlich*) Herr... (*lauter*) Herr...! (*Der Mann regt sich, schaut auf Pit*)

MANN Wer stört mich?!

PIT (*zu Harry gewandt*) Ich habe ja gesagt, daß das schiefgeht...

HARRY (*an den Mann gewandt*) Wir wollen Sie einmal fragen..., in Ihrem Archiv..., gab es da auch einen Hinweis...

PIT ...Ein Zeichen...

HARRY Auf uns?

MANN Es ist alles vernichtet, verbrannt. Die Barbaren sind über mein Werk hergefallen und haben es zerstört.

PIT Die Soldaten, (*zögernd*) die Verräter?

MANN Die Welt ist ohne jede Ordnung, ohne jedes System. Seit auch noch die Archive verbrannt sind, gibt es überhaupt keinen Halt mehr. Alles, was einmal mühevoll angesammeltes und geordnetes Wissen war, ist in ein heilloses Durcheinander gestürzt. Nichts hat mehr einen Anfang, nichts hat mehr ein Ende. Es ist das reinste Informations-Inferno, das uns erwartet und seine schwarzen Tücher der Ratlosigkeit über uns breitet. Es ist die große Verwirrung vor der Ödnis, die eintreten wird, sobald alle Spuren verwischt sind und alle Gedächtnisse leer sind und die Worte in den Sätzen liegen wie kleine, verlassene Kokons. Es ist wie nach einem Stockschlag in den Ameisenhaufen, wenn alles durcheinanderläuft, was eben noch Richtung und Ziel gekannt hat. Es ist die Panik vor dem Ende. Es ist (*überlegend*) ..., was ..., was wollten die Herren wissen?

PIT Ob es ..., irgendwie ..., in den Archiven ..., einen Hinweis ...

HARRY ... Auf uns gab ...

MANN Aber ja doch ..., gewiß doch ..., es gab auf alles, was (*betont*) *vorkam*, einen Hinweis. Und nicht nur einen Hinweis, sondern eine komplette Darstellung, wenn Sie verstehen wollen ..., eine Analyse ..., eine Prognose ..., eine Anamnese . . ., eine Genese . . ., eine Diagnose und eine Therapie . . ., einfach alles, wenn Sie verstehen wollen. (*Nach einer Pause*) Aber im einzelnen, wie soll ich sagen, im konkreten Fall . . .

PIT (*an Harry gewandt*) Er weiß es nicht.

HARRY Er spielt uns etwas vor. Er war wohl doch nur eine sehr kleine Nudel, die sich wichtig machen und hier Zeit schinden will.

MANN (*überlegend*) Ja, wenn ich mein Archiv noch hätte! Alles, alles könnte ich Ihnen sagen . . ., aber so . . . (*Grübelt*) Wenn die Herren mir vielleicht ein paar Angaben machen wollen?

HARRY Name?

PIT Alter?

HARRY Familienstand?

PIT Augenfarbe?

HARRY Schuhgröße?

PIT Fingerabdrücke?

MANN Nein, nein, nein! Das hilft hier überhaupt nicht weiter, wenn Sie verstehen wollen. (*Nach einer Pause*) Wir müssen erst einmal wissen . . .

HARRY (*an Pit gewandt*) Er blufft.

MANN . . . Ob Sie . . .

PIT (*an Harry gewandt*) Du hast recht: Er verarscht uns.

MANN . . . Überhaupt (*betont*) *vorgekommen*

sind . . ., wenn Sie verstehen wollen. Andernfalls null Akte, null Analyse, null Prognose, niet, nietschewo, nichts.

HARRY Genau das wollen wir . . .

PIT . . . Herausbekommen . . .

MANN Also dann sieht es (*zögert*) . . . schlecht aus. Sehr schlecht . . .

PIT (*wie nach einer plötzlichen Eingebung, euphorisch*) Der Brief! Er könnte ein Hinweis sein . . ., ein Zeichen . . ., eine Akte . . ., ein Vermerk, eine Notiz . . . (*Sinnierend, mehr zu sich selbst*) Dein Bett = o, mein Bett = o, dein Nachtschrank = o, mein Nachtschrank = o, Kleiderschrank = o . . . (*Pit stürzt zum Regal und beginnt, zwischen den Büchern und Blättern zu suchen*) Das ist es nicht . . . Das ist es nicht . . . Das ist es nicht . . . Das ist es nicht . . . Das nicht . . . Das nicht . . . Das nicht . . . Nein . . . Nein . . . Nichts . . . Nichts . . . (*resigniert*) Und abermals nichts . . .

MANN (*er lacht und beginnt nebenher, seine Umschläge weiter zu beschriften. An Harry und Pit gewandt*) Die Herren glauben doch nicht (*lacht*) . . ., glauben doch nicht ernsthaft . . . (*lacht*), in diesem Haufen Müll . . . (*anhaltendes Lachen*), irgend etwas Brauchbares zu finden?

HARRY (*zu Pit, aber an den Mann gewandt*) Er . . .! Er hat den Brief! Ich sage dir, Pit, bei ihm findest du, was du suchst!! Und wenn du es nicht in seinem Schreibkram findest..., findest du es... in seinem Fleisch. (*Betont*) *Er ist die Antwort auf dich*!

PIT Oh, dieser Müllsack..., dieser Rattenkönig..., dieser Idiotenführer...

MANN (*ängstlich, erregt*) Aber meine Herren..., bitte, bitte!..., wenn Sie doch verstehen wollen...

HARRY Wir haben schon verstanden!!

(*Beide stürzen auf den Mann zu, reißen das Gitter vom Bett und beginnen, an ihm zu zerren. Während Harry ihm den Kopf nach hinten drückt, als wollte er ihn strangulieren, zieht Pit an den Beinen*)

HARRY (*schreit*) Dein Spiel ist aus!!

PIT (*schreit noch lauter*) Wir... sind... das Volk!!

Beide zusammen, während sie sich an dem Mann zu schaffen machen. Wir sind das Volk!!

PIT (*schreit, an Harry gewandt, dabei weiter an des Mannes Beinen zerrend*) Spürst du schon etwas??

HARRY (*ebenso laut, den Kopf des Mannes weiter nach hinten drückend*) Du??

PIT Es ist ein Gefühl, wie...!

HARRY (*begeistert*) Ein richtiges Gefühl?

PIT Eine Wärme in allen Gliedern!! Und wie das

Herz schlägt... Und wie der Kreislauf auf Touren kommt...

HARRY Etwas Echtes?

PIT Der Rest von (*nach einer Pause*) ... Empfindung?! (*Begeistert*) Liebe!?

HARRY Ein Mord (*nach einer Pause*) ... ist die Liebe... in ihrer Vollendung. Ihr Höhepunkt... sozusagen, ... ihre letzte ... Konsequenz!!

PIT Also ist es... die Liebe..., die uns treibt?!! Ist es die Leidenschaft... gewesen..., die im Körper der Macht... ihre Brutstätte hat?!! (*Nach einer Pause, schreiend*) Sind wir denn nichts... in unserer Lust... als Geburten des Bösen?!!

HARRY Jetzt..., jetzt werden uns nur noch... unsere Freunde... bedrohen...

(*Der Mann sinkt in sich zusammen und bleibt regungslos*)

PIT (*leiser, erschöpft*) Ob er schon tot ist?!

(*Harry und Pit halten inne und schauen prüfend auf ihr bewegungslos im Bett liegendes Opfer*)

HARRY Es scheint, das Werk ist vollbracht...

PIT Vollendet...

HARRY ... In aller Schönheit.

PIT In aller Perfektion.

HARRY Ein sauberer Schnitt, ein klares Ende.

PIT Machen wir die Spiegelprobe...

HARRY Die Pulsprobe...

PIT Die Reflexprobe...

(*Schritte sind zu hören. Harry und Pit schauen irritiert zum Eingang. Die beiden Soldaten springen herein und halten die Gewehre im Anschlag. 3 Arbeiter folgen ihnen und beginnen sofort, den Raum auszuräumen. Die Soldaten bleiben bewegungslos stehen und sehen den Arbeitern zu. Währenddessen und von allen unbeobachtet kriecht der Mann, der sich von dem Überfall erholt hat, über die Bühne und verschwindet durch die Tür*)

1. ARBEITER (*pikiert*) Wie das hier aussieht... Dieser Müll überall... Diese Gerüche...

2. ARBEITER Nun wird es aber Zeit, daß das alles einmal wegkommt...

3. ARBEITER Diese Ausschußwirtschaft, diese Drecksgegenstände...

1. ARBEITER (*hält mit ausgestrecktem Arm einen Stuhl in Körperhöhe*) Das soll (*verächtlich*) ein Sitzmöbel sein...

2. ARBEITER (*nimmt mit spitzen Fingern eine Teekanne vom Tisch*) Und das soll (*schaut noch einmal auf den Gegenstand, um ihm eine Bezeichnung zu geben*) ...wahrscheinlich eine Teekanne sein...

3. ARBEITER ...Womöglich auch eine Blumenvase...

1. ARBEITER ...Oder ein Spucknapf...

2. ARBEITER ... Oder eine Pinkelente ...

3. ARBEITER (*spuckt auf den Fußboden*) Pfui-Teufel!

1. ARBEITER Ekelhaft!

2. ARBEITER Widerlich!

3. ARBEITER Das nimmt uns niemand mehr ab ... (*Geht zum Bett an der Tür*) Diese (*sucht nach einem geeigneten Ausdruck und rüttelt am Bettpfosten dabei*) ... Sudelpisten ... Wanzenasyle ... Schuppenfänger ...

1. ARBEITER (*läßt den Stuhl fallen*)

2. ARBEITER (*läßt die Teekanne fallen*)

3. ARBEITER (*läßt den Bettpfosten los*)

1. ARBEITER Man müßte sich weigern.

2. ARBEITER Streiken.

3. ARBEITER Schmutzzulage fordern.

1. ARBEITER Eine Zumutbarkeitsprämie verlangen.

2. ARBEITER Ein Beleidigungsgeld.

3. ARBEITER (*stößt mit dem Fuß einen Nachttisch um*) Und hier ...! Dieses Negativ-Design ...!

1. ARBEITER Das nimmt uns gar keiner mehr ab.

2. ARBEITER Das werden wir auf keiner Halde mehr los.

3. ARBEITER Das ist nicht mehr (*betont*) *entsorgbar*.

1. ARBEITER Das müßte schon (*überlegt*) ... verschifft werden.

2. ARBEITER Und was das kostet ...

3. ARBEITER Und wer das bezahlen soll ...

HARRY (*an Pit gewandt*) Unsere schönen Sachen ...

PIT (*an Harry gewandt*) Wie arrogant die geworden sind, wie hochmütig ...

HARRY ... Mit ihren orangenen Dienstanzügen ...

PIT ... Mit ihrer Leuchtfarbenreklame am Rükken ...

HARRY Dabei haben sie uns das alles einmal angedreht.

PIT Und Lieder dabei gesungen.

HARRY Und Sprüche dabei geklopft.

PIT Gütezeichen Q und so ..., von wegen ...

HARRY Überholen ohne einzuholen ..., weißt du noch?

PIT Dabei war das einmal eine ganz passable Truppe damals. In der linken Tasche immer einen kleinen Flachmann, und in der rechten die Karten ..., erinnerst du dich?

HARRY Und ob ...

PIT Aber jetzt ...

HARRY (*an die Arbeiter gewandt, die nun begonnen haben, alles hinauszutragen*) He ..., was tun Sie da ... mit unseren Sachen?!

PIT Was bedeutet das Ganze?!

HARRY Wer sind Sie eigentlich?!

PIT Woher kommen Sie?

1. ARBEITER Stadtsäuberungs- und Instandsetzungs-GmbH. (*Geht mit einem Gegenstand hinaus*)

2. ARBEITER Wir entsorgen.

3. ARBEITER (*der gerade hereingekommen ist*) Noch nichts vom Aufbauprogramm gehört?

(*Die Arbeiter fahren fort, alles hinauszutragen*)

1. SOLDAT Die Revolution.

2. SOLDAT Jetzt wird alles anders.

1. SOLDAT Jetzt wird alles besser.

2. SOLDAT Jetzt wird alles neu.

1. SOLDAT Jetzt ist Schluß.

2. SOLDAT Jetzt geht es damit los ...,

1. SOLDAT ... daß Schluß ist ...,

2. SOLDAT ... daß es anfängt

1. SOLDAT ... mit dem Fortschritt ...,

2. SOLDAT ... mit der Zukunft ...

1. SOLDAT Blühende Länder und Gemeinden.

1. ARBEITER Blühende Felder.
(*simultan*) 2. ARBEITER Klare Gewässer.

3. ARBEITER Gesunde Luft.
(*simultan*) 2. ARBEITER Klar und überschaubar alles.

1. ARBEITER Blühende Wirtschaft, blühende Landschaft.

3. ARBEITER Kühe mit Eutern wie Wasserbälle.
(*simultan*) 2. ARBEITER Glückliche Mastschweine.

(*simultan*) 1. ARBEITER Glückliche Hühner.

(*simultan*) 1. SOLDAT Der Fortschritt...

(*simultan*) 2. SOLDAT Die Zukunft...

(*simultan*) 3. ARBEITER Das Rad der Geschichte...

(*simultan*) 2. ARBEITER ...ist nicht mehr...

(*simultan*) 1. SOLDAT ...sind nicht mehr...

(*simultan*) 2. SOLDAT ...aufzuhalten...

(*simultan*) 1. SOLDAT ... Die Revolution ist...

(*simultan*) 1. ARBEITER ...zurückzudrehen...

(*simultan*) 2. SOLDAT ...unbesiegbar...

(*Alle zusammen*) Es lebe die Partei!!

(*Die Soldaten verlassen gemeinsam mit den Arbeitern den vollständig leergeräumten Raum. Harry und Pit sitzen auf der Erde. Vorhang*)

6. Szene

Tag, helles Licht. Harry und Pit sitzen im leeren Raum auf der Erde. Plötzlich von draußen hereindringende Geräusche eines Demonstrationszuges, Schreie, Pfiffe, skandierende Parolen, die im Wortlaut nicht zu verstehen sind. Der Demonstrationszug kommt näher, die Unruhe steigert sich, handgreifliche Auseinandersetzungen mit der Polizei werden hörbar. Pit läuft zum Fenster, traut sich aber nicht, es zu öffnen. Außerdem wäre es zu hoch, um hinaussehen zu können.

PIT Da ist aber einiges los, Harry! Da müßte man doch dabeisein, findest du nicht?

HARRY Soll ich dir erzählen? (*Und ohne eine Bestätigung abzuwarten, geht er zu Pit ans Fenster*) Also schön. Mach Räuberleiter. (*Pit stellt sich mit dem Rücken zur Wand und verschränkt die Hände vor seinem Bauch. Harry klettert mit einem Ruck an Pit empor, öffnet das Fenster und sieht hinaus. Die Geräusche verstärken sich*)

PIT Erzähl schon! Was siehst du?

HARRY Nun warte doch ab, ich muß selbst erst einmal einen Überblick haben ... (*Nach einer Pause*) Der Himmel sieht aus wie ein verschimmelter Ziegenkäse..., wie eine belegte Zunge..., wie eine Pissoirwand, die von Salpeter zerstört ist..., wie...

PIT Vielleicht läßt du mich jetzt einmal mit den Wolken in Ruhe...

HARRY Oh, der Knecht stellt Ansprüche... Früher einmal hat dir das sehr gut gefallen, was am Himmel passiert ist.

PIT In den Himmel schaut man doch nur, wenn die Erde nichts bietet. Nun sag' schon, was draußen los ist!

HARRY Erst wenn er »bitte« sagt gefälligst.

PIT (*nimmt die Hände aus der Verschränkung, womit er Harry zu Boden stürzen läßt, fällt – in ironischer Übertreibung – auf die Knie und bittet*) Wollen mich der Herr doch bitte informieren..., bitte, bitte, bitte...

HARRY Hebe er mich wieder hoch! (*Pit stellt sich abermals mit dem Rücken an die Wand und verschränkt die Hände. Harry steigt an Pit empor und sieht aus dem Fenster. Die Geräusche sind unterdessen leiser geworden*) O-la-la, das ist ja ein Aufmarsch. Alle in weißen, sehr schönen Trachten. Ich vermute, daß es Eskimos sind, die für die Freiheit des Pottwals demonstrieren. (*Nach einer Pause*) Tatsächlich, dort, ein Transparent: DIE WÜRDE... DES MENSCHEN... IST... VERSPIELT! RETTEN

WIR... DIE WÜRDE... DES OTTERS! O-la-la... Wer weiß, welche Stiftung dahintersteht...

PIT Harry?! Verarschst du mich?!

HARRY Ein Ballon wird in die Luft gelassen..., sehr erhaben..., rot auf dem blauen Grund des Himmels...

PIT Ich denke, alles ist voller Wolken... wie verschimmelter Ziegenkäse und so...

HARRY (*dreht sich kurz um und blickt auf Pit herab*) Du mußt nicht alles auf die Goldwaage legen, was ich sage, Idiot. (*Sieht wieder aus dem Fenster*) Oh, eine Fahne, die vom Ballonkorb herabweht: COOL SEIN MACHT GEIL. Das ist ein Radikalenverband, sag ich dir. Alles verhinderte Vorstandsmitglieder. (*Nach einer kurzen Pause*) Ein Kreis von Eskimofrauen hat sich gebildet. Sie tanzen. Einmal links herum in zwei Takten, einmal rechts herum in zwei Takten. NIEDER... MIT DEN BIRKELSUPPEN..., NIEDER MIT DR. OETKER..., kannst du es hören?! WIR WOLLEN KEIN MÜLLER-MILCHREIS MEHR! HOLT DR. MÜLLER'S DILDOS HER! Ich sag ja, Entwicklungslandstatus. Die äffen doch tatsächlich alles noch einmal nach. Statt Marcuse Beate Uhse. (*Nach einer Pause*) Von wegen alles anders und neu. (*Nach einer Pause*) Jetzt verlangt doch ... ein Beamter ... tatsächlich von jemandem den Ausweis ..., nur weil er einen offenen Schuh hat ...

PIT Das ..., das muß ich sehen!!

HARRY (*schaut auf Pit herab*) Aber ich erzähle dir doch alles ...

PIT (*euphorisch*) Jetzt ..., jetzt will ich einmal!!

HARRY Laß es lieber ... Bringe nichts durcheinander ... Außerdem löst sich ohnehin gerade alles auf. (*Die Geräusche verklingen*)

PIT Die ganze Zeit hast du mich hingehalten! Was ... weiß ich denn ... wirklich!! (*Pit läßt Harry los*)

HARRY (*leise*) Ich kann nichts mehr für dich tun. (*Harry stellt sich mit dem Rücken zur Wand und verschränkt die Hände vor seinem Bauch. Pit klettert an Harry empor und sieht aus dem Fenster*)

PIT (*nach einer Pause, entsetzt auf Harry herabschauend*) Es ist ... (*betont*) *nichts* zu sehen. (*Schaut wieder hinaus*) Nebel ..., daß einer seine Hand vor den Augen nicht sieht ... (*In dem Augenblick springt die Tür auf, und ein Arzt kommt in den Raum. Es handelt sich dabei um dieselbe Person, die den Mann bzw. König gespielt hat. Erschrocken läßt Harry die Hände auseinander, und Pit fällt zu Boden, bleibt aber am Fenster stehen, während Harry jetzt an der

Wand neben der Tür steht. Beide schauen überrascht auf den Arzt)

ARZT So, ihr Unnützen, ab heute wird es jeden Tag dreimal Erbsen geben. (*Er geht auf Harry zu und fühlt ihm den Puls. Er macht sich einige Notizen, ehe er auf Pit zugeht, ihm die Augenlider nach unten drückt, sich die Zunge zeigen läßt und die Zähne, um sich abermals Notizen zu machen*) Das wird ein paar hübsche Untersuchungen geben ... in physiologischer Hinsicht, wenn Sie verstehen wollen. (*Nach einer Pause und ohne von seinem Schreibblock aufzusehen*) Übrigens ..., wie hat Ihnen gerade unsere neue Sendung gefallen? War die Verstärkung gut?

PIT (*an Harry gewandt*) Aber das ist doch ...

ARZT Keine Namen, bitte, meine Herren ... Keine Namen. (*An Pit gewandt*) Und überhaupt: Er wird der nächste sein ..., der ... (*zeigt mit der Hand in Richtung des Fensters und geht eilig hinaus. Pit ruft ihm hinterher*)

PIT Was heißt das ..., ich werde der nächste sein?! (*An Harry gewandt*) Rüber? Ins rote Ziegelsteinhaus? Ich?? (*Rüttelt Harry verzweifelt an den Schultern*) Harry, du weißt, daß das ein Irrtum ist! Du, du bist dran!! Fensterplatz, Harry, erinnere dich, Harry ..., ich Tür, warten ..., du Fenster, abgeholt werden ..., Harry, sag, Harry, daß ich recht habe ..., sag es!!

HARRY (*leise*) Ich kann nichts mehr für dich tun.

PIT Was wird hier eigentlich gespielt?! (*Beide setzen sich erschöpft auf die Erde und schweigen*)

HARRY (*leise*) Es wird nichts gespielt. Es ist nichts, und es wird nichts gespielt. (*Pit steht auf und läuft diagonal durch den Raum. Harry an Pit gewandt*) Verbreite nicht eine solche Unruhe. Setze dich hin und mache ein paar Atemübungen. (*Harry setzt sich in den Lotossitz, schließt die Augen und meditiert*) Meine Arme sind schwer... Meine Beine sind schwer... Mein Atem fließt ruhig durch meinen Körper... Meine Arme sind warm... Meine Beine sind warm... Mein Atem fließt ruhig durch meinen Körper... Die Stirn ist angenehm kühl... Die Gedanken sind schön... Die Gedanken sind leicht... Die Gedanken kommen und gehen wie Wellen, wenn sie auslaufen am Strand... Mein Atem fließt ruhig durch meinen Körper... (*Pit kriecht über den Fußboden und sucht ihn Stück für Stück ab*)

PIT (*zu sich selbst sprechend, dabei durch den Raum kriechend und mit der Hand Stück für Stück über den Boden streifend*) Aber es gibt keinen Brief. Aber es gibt keinen Hinweis. Aber es gibt keine Zeichen. Kein Brief. Kein Hinweis. Kein Zeichen. Kein Brief. Kein Hinweis. (*Er setzt sich kurz auf*) Ergo..., in unseren Betrachtungen ... über das Verschwinden ... waren ..., andererseits ..., quasi von der Umkehrung ... der Schlüsse her gedacht ..., auch Betrachtungen ... über das Auftauchen ... enthalten ... Verschwinden und Auftauchen und Verschwinden und Auftauchen und Tag und Nacht und Tag (*zählt die Knöpfe an seiner Jacke dabei*) also ich bin ..., ich bin nicht ..., ich bin ..., ich bin nicht ..., ich bin ..., (*wiederholt das Abzählen an den Knöpfen*) ja, nein, ja, nein, ja ... Aberglaube, alles Aberglaube ... (*Er hockt sich wieder hin und sucht weiter den Fußboden ab, dabei interpunktionslos vor sich hin sprechend*) Wenn das Nichtvorhandensein einer Nachricht darüber daß wir vorhanden sind nicht allein davon abhängt daß es keine Nachricht gibt weil das Nichtvorhandensein einer Nachricht in einem Raum nicht besagt daß eine Nachricht nicht existiert ... sind wir verloren. Wenn indes ...

HARRY (*öffnet die Augen und sieht Pit zu*) Was meinst du, machen die Löcher im Schweizer Käse dick?

PIT ... Sind wir gerettet. (*Er sucht weiter den Fußboden ab. Glücklich darüber, nichts gefunden zu haben, richtet er sich auf, wiederholt*) ..., sind wir gerettet. (*Der Arzt und die zwei Soldaten, als Pfleger verkleidet, kommen in den Raum*)

ARZT So, die Herren, es ist soweit.

1. PFLEGER Es ist soweit.

2. PFLEGER Ist soweit.

ARZT (*schaut auf seine Unterlagen*) Der Herr vom Fensterplatz bitte!

1. PFLEGER Vom Fensterplatz bitte!

2. PFLEGER Fensterplatz bitte!

PIT (*an Harry gewandt*) Harry!! (*Läuft auf ihn zu, faßt ihn flehend am Arm*) Harry, du!!

HARRY Kein Schmerz. Kein Gefühl.

PIT (*schreit*) Aber es ist alles Unrecht!! (*Harry stößt Pit zu Boden, wendet sich den Männern zu und geht mit ihnen hinaus. Das Licht geht aus. Längere Pause. Pit allein und im Lichtkegel einer Lampe. Er versucht, sich in den Lotossitz zu setzen, verrenkt sich umständlich und gibt es auf. Schließlich sitzt er im lockeren Schneidersitz und schaut an sich herunter. Dann beginnt er, sich wieder zu zwicken und leicht zu schlagen*) Diese Angewohnheit aber auch ... (*Das Licht wird auf den gesamten Raum erweitert, bleibt aber relativ dunkel. Pit steht auf und geht langsam schlurfend durch den Raum. Schließlich findet er einen Knopf auf der Erde. Er bückt sich, hebt ihn auf und hält ihn gegen das Licht*) Ein Knopf. Ein schöner Knopf. Von Harry. (*Er setzt sich wieder auf die Erde und beginnt, wie in Szene 2, Ruderschläge zu simulieren*) Und eins..., und zwei..., und eins..., und zwei..., und vor..., und zurück..., und vor..., und zurück... Wir müssen durchkommen..., wir müssen uns arrangieren... (*Er hört auf, schaut auf den Knopf und beginnt, mit ihm zu sprechen*) Was soll ich jetzt tun..., ohne dich. Was wirst du jetzt tun..., ohne mich. (*Nach einer Pause*) Erinnerst du dich an die Soldaten? Wie sie hier eingedrungen sind? Nein? Jedenfalls waren da zwei Soldaten hereingestürmt und hielten uns ihre Flinten vor's Gesicht... Ja, also, sie standen mit den Gewehren im Anschlag vor uns und fragten uns laut nach unserem Code. (*Nach einer Pause*) Was wir geantwortet haben? (*Überlegt*) Vergessen. Nur daß sie unsere Geburt, erinnere ich mich, haben sie gesagt, ein Scheißdreck interessiere. (*Nach einer Pause*) Und der König, weißt du noch? Dieser verrückte Kerl? (*Lacht*) Nein? (*Lacht anhaltend, dann wieder ernst*) Dann habe ich es wohl geträumt, irgendwann. Oh, wie wir ihn erledigt haben, wir zwei. (*Simuliert mit den Händen, als würde er jemanden erwürgen wollen*) Erdrosselt oder erschlagen oder beides, sicherheitshalber. Warum? Ich weiß es nicht mehr, weiß es nicht mehr. Nur an das Gefühl erinnere ich mich, an die Aufregung, an den Herzschlag. (*Längere Pause. Das Licht wird noch heller, fast grell. Eine Kinderstimme ist hinter der Tür zu hören, zaghaft, leise*)

JUNGE Zimmer 2 – 8 – 8? (*Pit läuft zur Tür, öffnet sie. Ein Junge in weißer Kleidung kommt ein kurzes Stück herein, sieht sich unsicher um, dann an Pit gewandt*) Diesen Brief soll ich hier abgeben . . ., von einem Herrn. (*Pit springt erschrocken zurück. Der Junge legt ihm den Brief vor die Füße und verschwindet eilig. Das Licht verdunkelt sich langsam und geht ganz aus. Pit wieder im Lichtkegel einer Lampe*)

PIT Bist du auch, wie ich, ich bin auch nur . . . eine Sturzgeburt . . . gewesen. Mutter verlor mich, auf der Flucht, im Vorgelände des Bahnhofs, auf den Gleisen, verlor mich zu früh, verlor mich zu spät . . ., wer weiß, wer weiß. Und mir scheint, doch meine Zeit . . . war in den Träumen, an den Tagen, in den Nächten, jemals nichts als dieser Sturz, vom Dunkel ins Helle, aber, von der Wärme in die Kälte, aber in Finsternis gewesen. (*Nach einer Pause*) Sie hieß, glaube ich, Bärbel, glaube ich, Barbara. Ihr Blick, das war nicht der Blick, den man Hunden nachwirft. Ihre Hand lag noch auf meiner Stirn, eine Ewigkeit, eine Ewigkeit. So lag noch keine Hand auf der Welt auf einer Stirn, leicht, wie der Flügel ehe er brach eines Engels. (*Nach einer Pause*) Beieinander in einer Landschaft in einem Bombenloch dieser Landschaft, wie es sie zu Dutzenden gab, im Gras, im hohen Gras, tief genug, nicht gesehen zu werden, wie man allein war, wie man nicht allein war, Bärbel, Barbara, an den Wind erinnere ich mich, wie er schwer übers Gras ging, über den Farn, am oberen Rand dieser Senke. (*Nach einer Pause*) Und nur ich, und warm wie im Leib eines Weibes im aufgerissenen Boden der Erde, in der Narbe der Erde, in einer der Narben... im aufgerissenen Boden der Erde. (*Vorhang*)

7. Szene

Gleiches Bild wie Szene 1, als wäre nichts geschehen. Abend, die Bühne ist fast dunkel. Harry und Pit, die nur schattenhaft zu sehen sind, sitzen in ihren Betten.

PIT (*flüsternd*) Harry ... (*lauter*) Harry!?
HARRY Pit?
PIT Mir ist schon wieder so schlecht, Harry ...
HARRY Du mußt einen Finger in den Mund stekken ..., so als wolltest du dich erschießen und als wäre er der Lauf eines Revolvers (*Demonstriert es*) Und dann drückst du ..., indem du den Finger fest auf die Zungenwurzel hältst (*demonstriert es und muß kurz husten*) ..., ganz entschieden ab. Es ist sehr einfach. (*Nach einer Pause*) Alles ist einfach. (*Vorhang*)

edition suhrkamp
Eine Auswahl

Abelshauser: Wirtschaftsgeschichte der Bundesrepublik Deutschland 1945-1980. NHB. es 1241
Achebe: Okonkwo oder Das Alte stürzt. es 1138
Adorno: Eingriffe. es 10
– Gesellschaftstheorie und Kulturkritik. es 772
– Kritik. es 469
– Ohne Leitbild. es 201
– Stichworte. es 347
Bachtin: Die Ästhetik des Wortes. es 967
Barthes: Kritik und Wahrheit. es 218
– Leçon/Lektion. es 1030
– Mythen des Alltags. es 92
– Semiologisches Abenteuer. es 1441
– Die Sprache der Mode. es 1318
Beck: Gegengifte. es 1468
– Die Erfindung des Politischen. es 1780
– Risikogesellschaft. es 1365
Becker: Warnung vor dem Schriftsteller. es 1601
Beckett: Endspiel. Fin de Partie. es 96
– Flötentöne. es 1098
Benjamin: Das Kunstwerk im Zeitalter seiner technischen Reproduzierbarkeit. es 28
– Moskauer Tagebuch. es 1020
– Das Passagen-Werk. es 1200
– Versuche über Brecht. es 172
Bernecker: Sozialgeschichte Spaniens im 19. und 20. Jahrhundert. NHB. es 1540
Bernhard: Der deutsche Mittagstisch. es 1480
Biesheuvel: Schrei aus dem Souterrain. es 1179
Bildlichkeit. Hg. von V. Bohn. es 1475
Bleisch: Viertes Deutschland. es 1719
Bloch für Leser der neunziger Jahre. es 1827
Bloch: Abschied von der Utopie? es 1046
– Kampf, nicht Krieg. es 1167
Boal: Theater der Unterdrückten. es 1361
Böhme, G.: Natürliche Natur. es 1680
Böhme, H.: Prolegomena zu einer Sozial- und Wirtschaftsgeschichte Deutschlands im 19. und 20. Jahrhundert. es 253
Bohrer: Die Kritik der Romantik. es 1551
– Der romantische Brief. es 1582
Bond: Gesammelte Stücke. 2 Bde. es 1340
Botzenhart: Reform, Restauration, Krise. NHB. es 1252
Boullosa: Sie sind Kühe, wir sind Schweine. es 1866
Bourdieu: Rede und Antwort. es 1547
– Soziologische Fragen. es 1872
Bovenschen: Die imaginierte Weiblichkeit. es 921
Brandão: Kein Land wie dieses. es 1236
Brasch: Frauen. Krieg. Lustspiel. es 1469
– Lovely Rita. Rotter. Lieber Georg. es 1562

316/1/6.93

edition suhrkamp
Eine Auswahl

Braun: Böhmen am Meer. es 1784
– Verheerende Folgen mangelnden Anscheins innerbetrieblicher Demokratie. es 1473
Brecht: Der aufhaltsame Aufstieg des Arturo Ui. es 144
– Aufstieg und Fall der Stadt Mahagonny. es 21
– Ausgewählte Gedichte. es 86
– Baal. es 170
– Buckower Elegien. es 1397
– Die Dreigroschenoper. es 229
– Furcht und Elend des Dritten Reiches. es 392
– Die Geschäfte des Herrn Julius Caesar. es 332
– Die Gesichte der Simone Machard. es 369
– Die Gewehre der Frau Carrar. es 219
– Der gute Mensch von Sezuan. es 73
– Die heilige Johanna der Schlachthöfe. es 113
– Herr Puntila und sein Knecht Matti. es 105
– Der kaukasische Kreidekreis. es 31
– Leben des Galilei. es 1
– Leben Eduards des Zweiten von England. es 245
– Mann ist Mann. es 259
– Die Mutter. es 200
– Mutter Courage und ihre Kinder. es 49
– Der Ozeanflug. Die Horatier und die Kuratier. Die Maßnahme. es 222
– Schweyk im zweiten Weltkrieg. es 132
– Die Tage der Commune. es 169
– Trommeln in der Nacht. es 490
– Über Politik auf dem Theater. es 465
– Das Verhör des Lukullus. es 740
Brecht für Leser der neunziger Jahre. Hg. von S. Unseld. es 1826
Brunkhorst: Der Intellektuelle im Land der Mandarine. es 1403
Bubner: Ästhetische Erfahrung. es 1564
– Zwischenrufe. Aus den bewegten Jahren. es 1814
Buch: Der Herbst des großen Kommunikators. es 1344
– Die Nähe und die Ferne. es 1663
– Waldspaziergang. es 1412
Bürger: Theorie der Avantgarde. es 727
Burkhardt: Der Dreißigjährige Krieg 1618-1648. NHB. es 1542
Butler: Das Unbehagen der Geschlechter. es 1722
Celan: Ausgewählte Gedichte. Zwei Reden. es 262
Cortázar: Letzte Runde. es 1140
– Das Observatorium. es 1527
– Reise um den Tag in 80 Welten. es 1045
Dedecius: Poetik der Polen. es 1690
Dekonstruktiver Feminismus. Hg. von B. Vinken. es 1678
Deleuze: Logik des Sinns. es 1707
– Verhandlungen. es 1778

316/2/6.93

edition suhrkamp
Eine Auswahl

Denken, das an der Zeit ist. Hg. von F. Rötzer. es 1406
Derrida: Das andere Kap. Die aufgeschobene Demokratie. es 1769
– Gesetzeskraft. es 1645
Dieckmann: Glockenläuten und offene Fragen. es 1644
– Vom Einbringen. es 1713
Digitaler Schein. Hg. von F. Rötzer. es 1599
Dinescu: Exil im Pfefferkorn. es 1589
Ditlevsen: Sucht. es 1009
– Wilhelms Zimmer. es 1076
Dorst: Toller. es 294
Drawert: Spiegelland. es 1715
Dröge / Krämer-Badoni: Die Kneipe. es 1380
Duerr: Traumzeit. es 1345
Duras: Eden Cinéma. es 1443
– La Musica Zwei. es 1408
– Sommer 1980. es 1205
– Vera Baxter oder Die Atlantikstrände. es 1389
Eco: Zeichen. es 895
Ehmer: Sozialgeschichte des Alters. NHB. es 1541
Eich: Botschaften des Regens. es 48
Elias: Humana conditio. es 1384
Norbert Elias über sich selbst. es 1590
Engler: Die zivilisatorische Lükke. es 1772
Enzensberger: Blindenschrift. es 217
– Einzelheiten I. es 63
– Einzelheiten II. es 87
– Die Furie des Verschwindens. es 1066
– Landessprache. es 304
– Palaver. es 696
– Das Verhör von Habana. es 553
Eppler: Kavalleriepferde beim Hornsignal. es 1788
Erste Einsichten. Hg. von Ch. Döring und H. Steinert. es 1592
Esser: Gewerkschaften in der Krise. es 1131
Evans: Im Schatten Hitlers? es 1637
Ewald: Der Vorsorgestaat. es 1676
Federman: Surfiction: Der Weg der Literatur. es 1667
Feminismus. Inspektion der Herrenkultur. Hg. von L. F. Pusch. es 1192
Fernández Cubas: Das geschenkte Jahr. es 1549
Feyerabend: Erkenntnis für freie Menschen. es 1011
– Wissenschaft als Kunst. es 1231
Fortschritte der Naturzerstörung. Hg. von R. P. Sieferle. es 1489
Foucault: Psychologie und Geisteskrankheit. es 272
– Raymond Roussel. es 1559
Denken und Existenz bei Michel Foucault. Hg. von W. Schmid. es 1657
Spiele der Wahrheit. Hg. von F. Ewald und B. Waldenfels. es 1640
Frank: Einführung in die frühromantische Ästhetik. es 1536
– Gott im Exil. es 1506
– Der kommende Gott. es 1142

316/3/6.93

edition suhrkamp
Eine Auswahl

Frank: Motive der Moderne. es 1456
– Die Unhintergehbarkeit von Individualität. es 1377
– Was ist Neostrukturalismus? es 1203
Frevert: Frauen-Geschichte. NHB. es 1284
Frisch: Biedermann und die Brandstifter. es 41
– Die Chinesische Mauer. es 65
– Don Juan oder Die Liebe zur Geometrie. es 4
– Frühe Stücke. es 154
– Graf Öderland. es 32
García Morales: Die Logik des Vampirs. es 1871
– Das Schweigen der Sirenen. es 1647
Gedächtniskunst. Hg. von A. Haverkamp und R. Lachmann. es 1653
Geist gegen den Zeitgeist. Hg. von J. Früchtl und M. Calloni. es 1630
Geyer: Deutsche Rüstungspolitik 1860-1980. NHB. es 1246
Goetz: Festung. 5 Bde. es 1793-1795
– Festung. es 1793
– Krieg. 2 Bde. es 1320
– Kronos. es 1795
– 1989. 3 Bde. es 1794
Goffman: Asyle. es 678
Gorz: Der Verräter. es 988
Goytisolo: Die Quarantäne. es 1874
Grassmuck / Unverzagt: Das Müll-System. es 1652
Gstrein: Anderntags. es 1625
– Einer. es 1483
Habermas: Eine Art Schadensabwicklung. es 1453
– Legitimationsprobleme im Spätkapitalismus. es 623
– Die nachholende Revolution. es 1633
– Die Neue Unübersichtlichkeit. es 1321
– Technik und Wissenschaft als Ideologie. es 287
– Theorie des kommunikativen Handelns. es 1502
Hänny: Zürich, Anfang September. es 1079
Hahn: Unter falschem Namen. es 1723
Handke: Die Innenwelt der Außenwelt der Innenwelt. es 307
– Kaspar. es 322
– Phantasien der Wiederholung. es 1168
– Publikumsbeschimpfung und andere Sprechstücke. es 177
Happel: Grüne Nachmittage. es 1570
Henrich: Konzepte. es 1400
– Nach dem Ende der Teilung. es 1813
– Eine Republik Deutschland. es 1658
Hensel: Im Schlauch. es 1815
Hentschel: Geschichte der deutschen Sozialpolitik 1880-1980. NHB. es 1247
Hettche: Inkubation. es 1787
Die Hexen der Neuzeit. Hg. von C. Honegger. es 743
Hijiya-Kirschnereit: Was heißt: Japanische Literatur verstehen? es 1608

316/4/6.93

edition suhrkamp
Eine Auswahl

Hodjak: Franz, Geschichtensammler. es 1698
– Siebenbürgische Sprechübung. es 1622
Holbein: Der belauschte Lärm. es 1643
– Ozeanische Sekunde. es 1771
– Samthase und Odradek. es 1575
Huchel: Gedichte. es 1828
Irigaray: Speculum. es 946
Jahoda / Lazarsfeld / Zeisel: Die Arbeitslosen von Marienthal. es 769
Jansen: Reisswolf. es 1693
Jasper: Die gescheiterte Zähmung. NHB. es 1270
Jauß: Literaturgeschichte als Provokation. es 418
Johnson: Begleitumstände. es 1820
– Das dritte Buch über Achim. es 1819
– Der 5. Kanal. es 1336
– Ingrid Babendererde. es 1817
– Jahrestage 1. es 1822
– Jahrestage 2. es 1823
– Jahrestage 3. es 1824
– Jahrestage 4. es 1825
– Mutmassungen über Jakob. es 1818
– Porträts und Erinnerungen. es 1499
– Versuch, einen Vater zu finden. Marthas Ferien. es 1416
Über Uwe Johnson. es 1821
Jones: Frauen, die töten. es 1350
Joyce: Finnegans Wake. es 1524
– Penelope. es 1106
Judentum im deutschen Sprachraum. Hg. von K. E. Grözinger. es 1613
Junior: Jorge, der Brasilianer. es 1571
Kenner: Ulysses. es 1104
Kiesewetter: Industrielle Revolution in Deutschland 1815-1914. NHB. es 1539
Kipphardt: In der Sache J. Robert Oppenheimer. es 64
Kirchhoff: Body-Building. es 1005
Kluge, A.: Gelegenheitsarbeit einer Sklavin. es 733
– Lernprozesse mit tödlichem Ausgang. es 665
– Schlachtbeschreibung. es 1193
Kluge, U.: Die deutsche Revolution 1918/1919. NHB. es 1262
Köhler: Deutsches Roulette. es 1642
Koeppen: Morgenrot. es 1454
Kolbe: Bornholm II. es 1402
– Hineingeboren. es 1110
Konrád: Antipolitik. es 1293
– Die Melancholie der Wiedergeburt. es 1720
– Stimmungsbericht. es 1394
Krechel: Mit dem Körper des Vaters spielen. es 1716
Krippendorff: Politische Interpretationen. es 1576
– Staat und Krieg. es 1305
– »Wie die Großen mit den Menschen spielen.« es 1486
Kristeva: Fremde sind wir uns selbst. es 1604

316/5/6.93

edition suhrkamp
Eine Auswahl

Kristeva: Geschichten von der Liebe. es 1482
– Die Revolution der poetischen Sprache. es 949
Kritische Theorie und Studentenbewegung. es 1517
Kroetz: Bauern sterben. es 1388
– Bauerntheater. es 1659
– Furcht und Hoffnung der BRD. es 1291
– Mensch Meier. Der stramme Max. Wer durchs Laub geht … es 753
– Nicht Fisch nicht Fleisch. Verfassungsfeinde. Jumbo-Track. es 1094
– Oberösterreich. Dolomitenstadt Lienz. Maria Magdalena. Münchner Kindl. es 707
– Stallerhof. Geisterbahn. Lieber Fritz. Wunschkonzert. es 586
Krynicki: Wunde der Wahrheit. es 1664
Laederach: Fahles Ende kleiner Begierden. es 1075
– Der zweite Sinn. es 1455
Lang / McDannell: Der Himmel. es 1586
Lehnert: Sozialdemokratie zwischen Protestbewegung und Regierungspartei 1848-1983. NHB. es 1248
Lem: Dialoge. es 1013
Lenz, H.: Leben und Schreiben. es 1425
Leroi-Gourhan: Die Religionen der Vorgeschichte. es 1073
Leutenegger: Lebewohl, Gute Reise. es 1001
– Das verlorene Monument. es 1315
Lévi-Strauss: Das Ende des Totemismus. es 128
– Mythos und Bedeutung. es 1027
Die Listen der Mode. Hg. von S. Bovenschen. es 1338
»Literaturentwicklungsprozesse«. Die Zensur der Literatur in der DDR.
Hg. von E. Wichner und H. Wiesner. es 1782
Llamazares: Der gelbe Regen. es 1660
Löwenthal: Mitmachen wollte ich nie. es 1014
Lüderssen: Der Staat geht unter – das Unrecht bleibt? es 1810
Lukács: Gelebtes Denken. es 1088
Maeffert: Bruchstellen. es 1387
de Man: Die Ideologie des Ästhetischen. es 1682
Marcus: Umkehrung der Moral. es 903
Marcuse: Ideen zu einer kritischen Theorie der Gesellschaft. es 300
Maruyama: Denken in Japan. es 1398
Mattenklott: Blindgänger. es 1343
Mayer: Gelebte Literatur. es 1427
– Versuche über die Oper. es 1050
Mayröcker: Magische Blätter. es 1202
– Magische Blätter II. es 1421
– Magische Blätter III. es 1646
Meckel: Von den Luftgeschäften der Poesie. es 1578

316/6/6.93

edition suhrkamp
Eine Auswahl

316/7/6.93

edition suhrkamp
Eine Auswahl

Raimbault: Kinder sprechen vom Tod. es 993
Rakusa: Steppe. es 1634
Reichert: Vielfacher Schriftsinn. es 1525
Ribeiro, D.: Unterentwicklung, Kultur und Zivilisation. es 1018
Ribeiro, J. U.: Sargento Getúlio. es 1183
Rodinson: Die Araber. es 1051
Rohe: Wahlen und Wählertraditionen in Deutschland. es 1544
Rosenboom: Eine teure Freundschaft. es 1607
Rosenlöcher: Die verkauften Pflastersteine. es 1635
– Die Wiederentdeckung des Gehens beim Wandern. es 1685
Roth: Die einzige Geschichte. es 1368
– Das Ganze ein Stück. es 1399
– Krötenbrunnen. es 1319
– Die Wachsamen. es 1614
Rubinstein: Sterben kann man immer noch. es 1433
Rühmkorf: agar agar – zaurzaurim. es 1307
Russell: Probleme der Philosophie. es 207
Schedlinski: die rationen des ja und des nein. es 1606
Schindel: Ein Feuerchen im Hintennach. es 1775
– Geier sind pünktliche Tiere. es 1429
– Im Herzen die Krätze. es 1511
Schleef: Die Bande. es 1127
Schöne Aussichten. Hg. v. Ch. Döring und H. Steinert. es 1593
Schönhoven: Die deutschen Gewerkschaften. NHB. es 1287
Schröder: Die Revolutionen Englands im 17. Jahrhundert. NHB. es 1279
Das Schwinden der Sinne. Hg. von D. Kamper und Ch. Wulf. es 1188
Segbers: Der sowjetische Systemwandel. es 1561
Senghaas: Europa 2000. es 1632
– Friedensprojekt: Europa. es 1717
– Konfliktformationen im internationalen System. es 1509
– Die Zukunft Europas. es 1339
Sieferle: Die Krise der menschlichen Natur. es 1567
Simmel: Schriften zur Philosophie und Soziologie der Geschlechter. es 1333
Sloterdijk: Der Denker auf der Bühne. es 1353
Sloterdijk: Eurotaoismus. es 1450
– Kopernikanische Mobilmachung und ptolemäische Abrüstung. es 1375
– Kritik der zynischen Vernunft. es 1099
– Versprechen auf Deutsch. es 1631
– Weltfremdheit. es 1781
Söllner: Kopfland. Passagen. es 1504
Staritz: Geschichte der DDR 1949-1985. NHB. es 1260
Steinwachs: G-L-Ü-C-K. es 1711
Stichworte zur ›Geistigen Situation der Zeit‹. 2 Bde. Hg. von J. Habermas. es 1000

316/8/6.93

edition suhrkamp
Eine Auswahl

Streeruwitz: New York. New York. Elysian Park. es 1800
– Waikiki-Beach. Sloane Square. es 1786
Struck: Kindheits Ende. es 1123
– Klassenliebe. es 629
Szondi: Theorie des modernen Dramas. es 27
Techel: Es kündigt sich an. es 1370
Thiemann: Schulszenen. es 1331
Thompson: Die Entstehung der englischen Arbeiterklasse. es 1170
Thränhardt: Geschichte der Bundesrepublik Deutschland. NHB. es 1267
Todorov: Die Eroberung Amerikas. es 1213
Treichel: Liebe Not. es 1373
Tugendhat: Ethik und Politik. es 1714
Vargas Llosa: Gegen Wind und Wetter. es 1513
– La Chunga. es 1555
Vernant: Die Entstehung des griechischen Denkens. es 1150
Veyne: Foucault: Die Revolutionierung der Geschichte. es 1702
Vor der Jahrtausendwende: Berichte zur Lage der Zukunft. Hg. von P. Sloterdijk. es 1550
Walser: Ein fliehendes Pferd. es 1383
– Geständnis auf Raten. es 1374
– Selbstbewußtsein und Ironie. es 1090
– Über Deutschland reden. es 1553
– Wie und wovon handelt Literatur. es 642
Weiss: Abschied von den Eltern. es 85
– Die Ästhetik des Widerstands. es 1501
– Fluchtpunkt. es 125
– Das Gespräch der drei Gehenden. es 7
– Notizbücher 1960-1971. es 1135
– Notizbücher 1971-1980. es 1067
– Rapporte. es 276
– Rapporte 2. es 444
– Rekonvaleszenz. es 1710
– Der Schatten des Körpers des Kutschers. es 53
– Stücke I. es 833
– Stücke II. 2 Bde. es 910
– Verfolgung ... Marat/Sade. es 68
Sinclair (P. Weiss): Der Fremde. es 1007
Die Wiederkehr des Körpers. Hg. von D. Kamper und Ch. Wulf. es 1132
Wippermann: Europäischer Faschismus im Vergleich 1922-1982. NHB. es 1245
Wirz: Sklaverei und kapitalistisches Weltsystem. NHB. es 1256
Wittgenstein: Tractatus logico-philosophicus. es 12
Zoll: Alltagssolidarität und Individualismus. es 1776
Der Zusammenbruch der DDR. Hg. von H. Joas und M. Kohli. es 1777

316/9/6.93